汉字的故事

王铁钧 著

图书在版编目（CIP）数据

汉字的故事 / 王铁钧著. —— 北京：北京联合出版公司，2019.7（2025.2重印）
ISBN 978-7-5596-3185-5

Ⅰ.①汉… Ⅱ.①王… Ⅲ.①汉字－通俗读物 Ⅳ.① H12–49

中国版本图书馆CIP数据核字（2019）第077022号

汉字的故事

作　　者：王铁钧
责任编辑：郑晓斌　徐　樟
策　　划：好读文化
监　　制：姚常伟
产品经理：程　斌
特邀编辑：刘　雷
装帧设计：李照祥

北京联合出版公司出版
（北京市西城区德外大街83号楼9层　100088）
新经典发行有限公司发行
电话（010）68423599　邮箱 editor@readinglife.com
河北鹏润印刷有限公司印刷　新华书店经销
字数160千字　850毫米×1168毫米　1/32　8印张
2019年7月第1版　2025年2月第7次印刷
ISBN 978-7-5596-3185-5
定价：49.50元

版权所有，侵权必究
未经书面许可，不得以任何方式转载、复制、翻印本书部分或全部内容。
本书若有质量问题，请与本公司图书销售中心联系调换。电话：010-68423599

目录

写在前面的话 / I

线条
↓ 勾勒时间轮廓

从"元"开始 / 003

略说一二三 / 008

天、地、人 / 013

日、月、星 / 018

年的四种说法 / 026

东南西北 / 030

四季更替 / 035

五行生克 / 041

符号
↓ 传达心灵寄托

"三教"之得失 / 053

同门曰朋，同志曰友 / 059

反"正"为"乏" / 064

和为贵 / 070

容忍与自由 / 075

"三不朽" / 080

鬼神崇拜 / 086

成仙之路 / 091

记忆
↓ 探寻历史脉络

三代之大 / 099

正统与统一 / 104

五等爵位 / 109

"封建"的古与今 / 116

姓、名、字 / 122

氏与宗族 / 128

门当户对 / 132

谈"婚"论"嫁" / 136

思考
↓ **感受岁月变迁**

"止戈为武"与"羊大为美" / 143

后母戊鼎与司母戊鼎 / 148

小大之辨 / 153

贤者,多财也 / 158

"幸"之不幸 / 163

蛾眉、娥眉与峨眉 / 168

"真珠"与"珍珠" / 174

独白
↓ 诉说世间温情

围起来的种种 / 181

行行重行行 / 187

军旅与行旅 / 192

牢与家 / 197

猿猴、猩猩与狒狒 / 202

多识于鸟兽草木之名 / 207

经典
↓ 传承文化精神

字说"文""化" / 225

经典闲谈 / 229

诗言志 / 234

"易"与《易》 / 239

写在前面的话

2013年冬天，我在豆瓣阅读开设了一个专栏，题为"汉字中的历史文化"。我的初衷很简单，只是围绕自己平时学习和研究中注意过的或思考过的一些个例，介绍一些关于汉字的历史知识。

按照计划，我的专栏每周发表一篇。我一度迷上了那种写作的感觉，那时时体验到的乐趣和时时感受到的纠结。我常常写着一个字，就会联想到另一个字，延伸开来，就成了一根藤；铺展开来，就成了一张网。各种各样或鲜明或隐晦的联系，是汉字内在的发展逻辑，也是中国历史的沉积。

文字是记录语言的工具，是历史事件、思想文化的载体，难免会留下历史的烙印。一些字和由其组成的词语，会让我们联想到一些有趣的、精彩的历史故事，一些字词的兴衰也会让我们联想到历史的变迁。能写出这些，让我感到兴奋和快乐。

文中关于字形和字义的解释，一般都来自古代的字典或前人的考证。大多数字，我都会先引述一下东汉许慎的《说文解字》(文中简称《说文》),其中难懂的语句,我会加以疏解。《说文》通行的版本被称为"大徐本",是宋代学者徐铉主持校订的;徐铉的弟弟徐锴则撰有《说文解字系传》,被称为"小徐本"。清代学者段玉裁积数十年之功,撰成《说文解字注》,是今天公认的阅读《说文》最重要的参考书。这几部书是我参考和解释《说文》的主要依据。

当然,《说文》也并非对每一个字的解释都准确,因为条件所限,许慎主要依据的字形是秦代产生的小篆(有少部分字也参考了更早的"古文"和"籀文"),他并没有看到早期的甲骨文和大多数金文材料。直到清朝末年,甲骨文才被发现并大量出土。相关研究兴起之后,不少研究成果对《说文》中的观点做出了修正。所以,《说文》中有误或有疑的,我也介绍了甲骨文、金文等古文字研究的结论。另外,有时我还会引证一些古代的韵书、字书,以及经典文献中古人的注释等材料,以保证文中对汉字的解说更准确、清晰,符合实际。

这个专栏我写了近一年的时间,共写了50篇(有的题目写得比较长,分作两篇或多篇)。写作过程中和写作完成后,都得到了很多朋友的支持和喜欢。如今,文章有了结集出书的机会,我十分高兴。感谢好读文化的姚常伟先生,他看到文章后找到我,提出出版方案,并给予我充分的自由,使我能够按照自己的意愿修订和整理。这也使我在几年之后,得以重新审视这些文章。我依然能感受到其中蓬勃的活力,那正来自一个个具体的事实和它们之间丰富的联系。尊重事实，则不会落入臆断；注重联系，则不会落入孤立和乏味。汉语和汉字都是在人们的使用中被创造出来并不断革新的，并不是一开始就完美无缺，也不是一成不变的。

我按照文章的内容做了大致的分组和重新排列，本书编辑为每一组撰写了标题和引语，制成篇章页，很精致。文章我基本保持了原样的鲜活的状态，只对其中的少量错误和不足做了修正和补充，并按照重新排序和出版规范对一些论述做了调整。

希望这本书，能带给大家快乐和思考。

线条

勾勒时间轮廓

元，始也。从一，从兀。

——《说文解字·一部·元》

从"元"开始

略说一二三

天、地、人

日、月、星

年的四种说法

东南西北

四季更替

五行生克

从"元"开始

许慎《说文解字》:"元,始也。"认为"元"字的本义就是开始。

传说中道教的始祖叫元始天尊,有开天辟地之功,地位最高。"元始天尊"中的"元"字,正是开始的意思。这个"元始",不免会让我们联想到那个"原始"。不错,"原始"与"元始"是一个意思。道教的始祖叫元始天尊,人类的始祖叫原始人。不同的是感情色彩,古人理念中的"元始"是纯粹的、完美的;而现代人口中的"原始",则颇有些落后的、简单的味道了。

这里面的"原"和"元"两个字不光写法不同,还有着一段前后继承的渊源关系。唐宋时期,"原来"都写作"元来","原籍"都写作"元籍","原配"都写作"元配"。直到明代以后,这些词语中的"元"字才渐渐被"原"取代。为什么会这样?有种流行的解释,说明朝推翻了元朝,因为讨厌前朝的关系,也不喜欢这个"元"字,就改成了"原"字。还有一种说法,认为"原"取代"元"是避明太祖朱元璋的讳,这似乎比前者要更合理一些。

不管怎样,"原"取代了"元"的用法,颇有些胜之不武的味道。其实若从字形本义上说,"原"字的血统却是更正宗的。"原"是个会意字,从字形就能看出它的意义来。覆盖在上面的"厂"表示山石,而下面的"𢈘"就是"泉"字。泉水从山石中流出,所表示的正是源头的意思。所以说,"原"字有开始义,那还真是天经地义的。"原"字由源头、本原的意义,引申出追本溯源的意义,作为动词,在古代更为常用。像韩愈写过《原道》《原毁》等文章,"原"都是这个意思。古人也有"原始"的说法,但和今天的"原始"不同,往往都是探求本始的意思,有个流传下来的成语"原始要终",意思就是要搞清楚事件发展的前因后果。

那么"元"呢,《说文》对它的字形分析是"从'一',从'兀'"。从"一"还比较好理解,"一"可以有开始义,老子不是说"道生一,一生二,二生三,三生万物"吗?"道"看不见摸不着,有形的东西就都是从"一"开始的。从"兀"是什么意思,就比较麻烦了,许慎没解释,也难倒了后代无数人。不过,《说文》还有一种流传的版本,不是"从'一',从'兀'",而是"从'一','兀'声",也就是说"兀"是声符,"元"字是个形声字。声符不表示意义,就不用解释了,这也算勉强能说得通。

其实结合古文字形和文献证据来看,"元"字的本义并不是开始,而是人头。"元"表示人头义,我们还能在由其组成的会意字"冠"中得到证明。"冠"的本义就是帽子,帽子("冖")是戴在头("元")上的嘛。"冠"在古代还有一种名称叫"元服",就是头的衣服了。

更重要的是,早期的文献中就有"元"表人头义的用例,比如《左传·僖公三十三年》里,晋国的先轸因之前冒犯了国君,要自己惩罚自己,便在与狄人的战斗中摘下头盔,冲入狄人的军队中战死。狄人砍下他的头颅,归还给晋国。先轸刚正英勇,他死后的脸看起来还像活着一样。《左传》原文就是:"狄人归其元,面如生。"杜预的注释也非常明确,就是:"元,首也。"

元,首也。于是"元首"就成了一个组合。"元首"这个组合出现得也相当早,《尚书》的《益稷》篇中记载了舜帝给大臣们唱了三段歌词:"股肱喜哉!元首起哉!百工熙哉!""元首明哉,股肱良哉,庶事康哉!""元首丛脞哉,股肱惰哉,万事堕哉!"这里面,"元首"就是国君,"股肱"就是大臣,三段歌词的大意就是君臣和谐一致,贤明勤奋,方能百业兴旺;若是国君褊狭("丛脞"),大臣懈怠,事业就会荒废。这歌词,真是直白而单纯啊!

"元"从人头义会很自然地引申出开始义,这符合人类思维由形象到抽象的模式。我们现在不是还有很多词语里的"头"和

"首"都跟开始有关吗？比如"开头""起头""首先"等。

可以看出，"元"的开始义与"原"完全是来自两个不同的途径。但"元"这个开始义，一开始就用在了非常重要的地方，那就是纪年法中——古代国君即位的第一年称为"元年"，国君使用新年号的第一年也称作"元年"。另外，中国古代的思想乃至政治都是以经学为根基的，而经学则是以"五经"（《易》《书》《诗》《礼》《春秋》）为核心的。《春秋》在汉代地位最高，董仲舒就是春秋公羊学派的代表。而《春秋》开篇首句就是"元年春王正月"，《公羊传》的解释是："元年者何？君之始年也"。政治上与经典上的这种契合，把"元"字推上了一个非常尊贵的地位。

"元"的起始义和尊贵色彩，还在《易》中得到了极端的强化。《易》开篇第一卦《乾卦》的第一句便是："乾，元亨利贞。""元（始也）""亨（通也）""利（和也）""贞（正也）"都是吉利的字，而以"元"为首。后面又说："大哉乾元，万物资始，乃统天。"后面又说："元者，善之长也。"这个"元"字，真是了不得了。

所以，不仅有朝代用"元"字做国号的（元朝），而且历代帝王也有很多选择"元"字做年号的。汉武帝创立的第一个年号就叫建元，他又有元光、元朔、元狩、元鼎、元封等年号，此后西汉一代就有昭帝始元、元凤、元平，宣帝元康，元帝初元，成帝元延，哀帝元寿，平帝元始等年号。后代也有很多，比如我们熟悉的"开元盛世","开元"就是唐玄宗的年号。

不仅国君即位的第一年都称作"元年",而且每年的第一天称作"元旦",第一个月称作"元月",这都是吉利的开始。而中医学里人身最本初的最重要的气称为"元气",则是最值得珍视的。科举考试中,乡试的第一名称作"解元",会试的第一名称作"会元",殿试的第一名称作"状元",从乡试到殿试连续考中则称作"连中三元",这都是科举时代"人生赢家"的代表。

略说一二三

数字是各民族文字里最直观的组成部分,最初的文字必然会有数字,即使在文字发明之前,还有"结绳记事"的方式来计数,可见数字在人类的生产生活中是必不可少的。

数字本是最客观的事实,但一些数字会因为其特殊性而被赋予哲学和文化上的表达,有了更多的意义和色彩。在汉字里,这样的数字主要就是"一""二""三"了。

"一""二""三"作为自然数中最小的三个,其造字方式显而易见。大于三的数,再通过这样的线条表示就有些麻烦,"四"字原本也有个异体的写法"亖",后来废止不用。老子说:"道生一,一生二,二生三,三生万物。"这几句话可以说是"一""二""三"在中国传统中所具有的文化意义的纲领。

"一"是《说文》中的第一个字,不光因为其字形极简,可以作为全书以形系联的开端,更因为其文化上的含义,许慎说:"惟初太始,道立于一,造分天地,化成万物。"这可以说是对

"一"的至高的评价。

许慎所说"道立于一"与老子所说的"道生一"从字面上来看是有区别的。"道立于一"中的"一"未必来自道，但与道相合，做了道的载体；"道生一"中的"一"则来自道，但未必与道一体。不过，这种字面上的分别古人似乎并不在意。关于"一"与道的关系古人还有多种阐发，如把道与"一"等同的说法："一者，道也"；也有把"一"看作道的根基的说法："一者，道之本"。

"一"是最基本的自然数，会令人联想到起始、本源的概念，所以我们会说"一开始""一早"；"一"是最小的自然数，不能再分，会令人联想到全体的概念，所以我们会说"一起""一共"。而"一"的这些含义正与道相合。因为道是本始的，是全体的，是混沌的，所以这个"一"也就成了道的代言。

"一"在客观数量上是极微小的，但做了道的代言，"一"就成了极宏大的，万事万物都包含在这个"一"当中了。看似矛盾的极微小与极宏大，能并存于"一"字之中，只因我们观察和阐述的出发点不同。

"一"还有一个常用的意义，就是"专一"。"专一"的"一"在早期常写作"壹"，没错，就是我们记账时用的大写数字。记账时使用大写数字古已有之，清人朱骏声说："一，后世簿书假'壹''乙'字为之，以防奸易也。"而在更早期的文献中，"壹"字不作为"一"的数字大写，而专门表示"专一"

的意义，如《左传·庄公三十二年》："神，聪明正直而壹者也。"杜预注："壹者，言其一心不二意也。"

"一"是全体的，分开了就变成了"二"，所以老子说"一生二"。《说文》中对"二"的解释是："地之数也。"为什么说"二"是地之数呢？因为古人把天地称为"两仪"，数字上则与"一""二"相对应。"一"是天之数，"二"是地之数。天为阳，地为阴，所以"一"是阳之数，"二"是阴之数。（古人也说奇数都是阳数，偶数都是阴数。）

"一"对应道，又对应天，又生出"二"，看起来"二"似乎远不及"一"重要，其实不然。有了"二"，才有了对立，才有了上下、前后、左右、正反、阴阳等相互依存的两极，才有了八卦，才有了"庄生晓梦迷蝴蝶"，才有了辩证法，世界才变得丰富多彩起来。

"一"有个常用义"专一"，"二"也有不专一的意义，就是"三心二意"的"二"了。这个"不专一"的意义在早期常写作"贰"，是的，也是我们记账时用的大写数字。正如"壹"专门表示"专一"一样，这个"贰"也专门表示不专一。我们熟悉的《左传》头一年"郑伯克段于鄢"的故事里，郑伯的弟弟共叔段居京城后，又"命西鄙、北鄙贰于己"，郑国西、北部边境地带的人既要受郑伯管辖，又要听命于共叔段，就是产生了两属的情况，所以用"贰"字。

"三"字，在《说文》中的解释是："天地人之道也。"这又是从何说起呢？前面我们说了，天地为"两仪"，如果再加上人，就成了"三才"。天、地生人，一并二为三，"一"是天之数，"二"是地之数，"三"就是人之数了。这看起来似乎没完没了了，你要问了，是不是还有"四某""五某""六某"什么的？没了，到"三"算告一段落，因为"三"是成数，"三"就能生万物了。

古人又说："三者数之小终。"这与"成数"的说法大体是一个意思，只不过是相对于"九"来说的，古人认为九是"数之极"。虽然"九"比"三"大，但"三"与"九"同样都可以表示多的概念。如周公"一饭三吐哺"，不是说一顿饭就停下三次，而是表示多次；我们说"三思而后行"，也不是说只思考三次，而是思考多次。人常说"九泉之下"，表示在地下深处，但也有人说"结恨三泉"（《后汉书·袁绍传》），也表示在地下深处。

"三"是成数，古人很崇拜"三"这个数，所以很多概念都是三分，如儒家讲"三教"，即忠、敬、文，又将"三教"与"三才"相联系，说"忠法人，敬法地，文法天"。传统上的经典人物也常列三尊，如儒家讲"三皇"，为传说中上古的君王伏羲、神农、燧人；而早期最高官职有三公，即司马、司徒和司空。道教的祖师有三清，即元始天尊、灵宝天尊、道德天尊（太上老君）。而佛教讲三世，即过去、现在、未来，相应则有过去佛（燃灯佛）、现在佛（释迦牟尼佛）和未来佛（弥勒佛）。

较之于"一"的笼统,"二"的两极,"三"不仅能容纳更复杂的对立,而且可以往复循环了。这样一来,"一""二""三"就足以化成万物,表达其间的逻辑关系,象征辽阔的大千世界了。

天、地、人

上文说到"三"是成数,古人有很多概念都与"三"相关,这其中最基本最重要的大概就是"三才"了。

三才,天、地、人也。古人常把事态之顺遂归为"天时地利人和",可见天、地、人三要素在人们心中的重要性。而对天、地、人的尊崇,对人类生活与自然和谐一致的追求,也形成了中国传统文化的一个重要特征。

在论述天、地、人的造字和观念之前,我们先说说这个"才"字,为什么古人要用"三才"来指称天、地、人呢?"才"的字形相当简单,小篆作才,《说文》:"才,艸(草)木之初也。"许慎说"才"的本义是"草木之初",而我们熟悉"才"的意义是才能,两者有什么关系呢?段玉裁弥合得非常完美,他说:"草木之初而枝叶毕寓焉,生人之初而万善毕具焉,故人之能曰才。"

人之初是否就已经具备了各种才能,这个我们姑且不论,但至少是，不管草木之初还是人之初，都有着各种发展的潜力，有着无限可能的未来。所以草木之初就是可造之材，人之初就是有用之才了。"材"与"才"是相通的，只是增了个偏旁，在物是"材料"，在人就是"人才"。既如此，古人用"三才"来指称孕育着无限希望、包含着无限可能的天、地、人，真是再好不过了。

我们先说"天"。《说文》："天，颠也，至高无上。从'一''大'。""天"的字形就是在"大（表示人）"的上面画上一横，表示人的头顶上。"颠"的本义也是头顶的意思。"天"的头顶义在上古时有证据，据说有种刑罚叫作"天"，是把人的头顶凿开，想必很是血腥。而我们熟悉的"刑天舞干戚"的故事，"刑天"也是在头上用刑的意思，刑天被黄帝割了头，才叫"刑天"。今天我们常说的"天灵盖"，也是头顶的意思。

以人为喻，头顶是在最上面的，由此引申出自然界的天空义可以说是顺理成章。

天是至高无上的，天是广阔无边的，所以天在人们眼里有着最高的权威，我们说"天大的事"，那就是没有比这更大的事了。古时的君主尊贵之极，但仍自称"天子"，不敢违背天意。至高无上可以看作天的象征意义，但这象征意义绝不只是单纯的象征，更有着其现实的由来。人们早已认识到自然界的天是人类生存的重要主宰。天有日月星辰，有风雨雷电，有昼夜交替，有四季循环，而人生存于其中，不仅要适应其变化，将生命延续下去,更要利用其变化,让生活更容易、更便利。所以古人很早就有了完备的天文历法,通过观测星象和制定节气来指导农业生产,防止灾害。古人认为天道是为人所设计的,说天"施生为本,运转精神,功效列陈,其道可珍重也"(陆德明《经典释文》注《尔雅·释天》引《礼统》云)。

"地"是一个形声字,从"土",以"也"作为声符。《说文》:"地,元气初分,轻清阳为天,重浊阴为地,万物所陈列也。"从上面的解释,我们会发现,在古人的哲学中,天、地本为一体,都是"元气"。"元气"分成轻清、重浊两部分,就分别成了天与地。古人有很多与《说文》相似的论述,如《淮南子》中:"清阳者薄靡而为天,重浊者凝滞而为地。"这种思想相当普遍,以至于对天地未分之前的元气,古人还有颇为复杂神秘的推演。在这种哲学思想的影响下,就诞生了盘古开天辟地的创世神话故事。

《说文》中并没有具体解释"地"字得名之由来,关于这一点,汉代刘熙的《释名》从声训的角度有阐发:"地,底也,其体底下,载万物也。"根据语音关系,用一个音同或音近的字来解释另一个字,叫作"声训"。汉代人常用声训来解字,认为两字声音相通,意义也相通。"地,底也"与《说文》中"万物所陈列也"意思差不多,是说地的一个重要作用是承载万物。《释名》中还有另一个解释:"亦言谛也,五土所生,莫不审谛也。"这个说法有些曲折,却联系到了地的另一个更重要的作用,就是生养万物了。《白虎通》里说得比较清楚:"地者,易也。言养万物怀任交易变化也。"地不光承载万物,给万物提供居所,更能生养万物,各种植物、动物,都直接或间接孕育于大地。

天、地孕育万物,而人则是其中最重要的精灵。"人"的字形非常简单,只有两笔,是个象形字。虽则简单,但也许这里面会有个误解,我不知道别人有没有想过,至少以前我就是这样的。我曾经以为"人"的字形就表示人的两条腿,我想,为什么没有胳膊呢?难道是要强调人能直立行走吗?后来我才知道,"人"的字形并非两条腿,而是一条胳膊和一条腿,还包括躯干。"人"字甲骨文字形作𠆢,是侧面站立的人形,到了小篆𠂉,可能是为了字体的美观对称,胳膊就跟腿接近平齐了,继续发展到了楷书,就分不出胳膊和腿了。与"人"相比,"大"(小篆作大)的下部才真是表示人的两条腿。

《说文》:"人,天地之性最贵者也。"这个"性"字,段玉裁认为就是"生"字,这句话的意思就是:人是天地孕育的最贵的生命。所以人能与天、地并列,称为"三才"。不过,《说文》里的"性"字也许正是强调人性,强调人之有精神。古人对于人类本质的探讨,不注重其生物性,也不关注其生产力属性,而是以心智、精神作为其存在的价值。正如《潜夫论》中所说:"夫人之所以为人者,非以此八尺之身也,乃以其有精神也。"而人的精神,在古人看来则是秉承于天地的,是集天地之英华。

所以之于人，典籍中有"天地之心""天地之德"种种说法。《黄帝内经》中说："夫人生于地，悬命于天，天地合气，命之曰人。"

人与禽兽草木同为天地所生，但人不同于禽兽草木，是因其有精神。若有了精神，则禽兽草木也能同于人，所以古代有各种生物化身成人的精怪故事。即使本是一块无生命的石头，吸附了天地之灵气，天长日久有了精神，也能变成贾宝玉，甚至孙悟空了。

日、月、星

日、月、星,古人合称为"三光",是地球上生活着的人最常看到的自然现象,也必然是最古老的汉字成员。

"日"字的甲骨文字形作☉、⊖等,很明显是个象形字。小篆作日,《说文》:"日,实也。太阳之精不亏。从'囗''一',象形。""日,实也"是声训,因为"日"与"实"的读音相近,所以用"实"来解释"日"。"实"就是充实,《释名》:"日,实也,光明盛实也。""太阳之精不亏"需要仔细说一下:这个"阳"是阴阳的"阳",日的性质自然是极阳的,也就是"太阳"。(太阳与少阳、太阴、少阴是并列的范畴,可参看后面《小大之辨》一文。)"精"是精气的"精",比较抽象。具体说,这句话意思就是:日是太阳的精气(凝成),永远不会亏竭。

"月"字的解释可以跟"日"对照着看。"月"的甲骨文字形作☽、☽等,也很明显是象形字。小篆作月,《说文》:

"月，阙也。太阴之精。象形。""月"字的象形，与"日"字最重要的区别在于其不圆满。而"月，阙也"也是声训，"阙"就是"缺"的意思，就是不圆满了。月与日相对，性质则是极阴，所以称"太阴之精"。

日月悬诸天，给人们提供光明，所以有些以"日""月"做部首的字就跟明亮有关，比如"昭（《说文》：'日明也'）""晃（晄，《说文》：'明也'）""朗（《说文》：'明也'）"等，而最有趣的就是"明"字了。我们可以清楚地看到，"明"字是"日"和"月"的组合，那可确确实实是亮的了。不过，《说文》中的"明"字却不是"日""月"的组合。《说文》里的"明"字写作"朙"，注："照也。从'月'，从'囧'。"

"囧"字在今天很流行，大家都认识。今天的"囧"字表窘迫之义，理论上应是假借，因为"囧"与"窘"字读音相同。"囧"本是个象形字，《说文》"窗牖丽廔闿明"，说"囧"的字形就是窗户，因为窗户中有光亮透进来，所以"囧"表示明亮的意思（甲骨文"囧"的形义，争论很多，就不说了）。"囧"字在古时就是个极少用的字，基本相当于一个死字。到了现代，因为读音与"窘"相同，可能更因为其字形看起来像一张滑稽的人脸，所以有一天突然被人发现，挖出来，成了流行的符号，也是件很有趣的事。

"朙"由"月"和"囧"会意，表示月光从窗户透过来，即明亮之义。"明""朙"两个异体字，在会意上都很合理，旨趣则相差甚远。至于为什么会产生这样两个字形如此相似，旨趣迥然不同的异体字，时代久远，很难说得清了。两种字形在甲骨文中都已出现了，从现存的材料来看，"朙"要更早一些，有可能是"朙"字讹变成了"明"字。不管怎样，最终，"明"还是战胜了"朙"，成为常用字体。

日月悬诸天，主持着昼夜交替，昼夜轮转的计时方式就自然而然以其表示。"日"的用法我们都清楚了，它既可以表示白天，也是统指以一昼夜为周期的一整天。若单独表示夜晚，使用的虽不是"月"的本尊，却是它的孪生兄弟"夕"字。"夕"，小篆作 ，《说文》："夕，莫也。从'月'半见。""莫"是"暮"的本字，表示日落。后来"莫"字假借做了否定代词，就在原字上又添加了个"日"部，写作"暮"，用来表示日落的本义。《说文》所解释的"夕"就是日落月升之际，所以"从'月'半见"，月只出现了一半，相当于傍晚，其实"夕"字也可以表示整个夜晚。甲骨文中的"夕"字则与"月"字形一致，也就是说，"夕"与"月"很可能本就是一个字，后来因为分工不同而在字形和读音上有了区别，分化为两个字。而我们常用的"夜"字，则是以"夕"为部首的形声字。"夜"字小篆作 ，《说文》："夜，舍也。天下休舍也。从'夕'，'亦'省声。""舍"就是停止、休息的意思，夜晚就是用来休息的。

"月"字的孪生兄弟"夕"表示夜晚，它自己则代表了一个更长的时间概念，也就是以月相变化为周期的月份了。一个月中，有些日子古人喜欢用特定的名称，最常用的就是"朔""望""晦"了。

每个月的初一称为"朔"，《说文》："月一日始苏也。"

"望"是月中，即小月的十五日，大月的十六日，《说文》中有"望"与"朢"两个字："朢，月满与日相朢，以朝君也。从'月'，从'臣'，从'壬（音 tǐng）'。壬，朝廷也。"古人常将日比作君，月则为臣，每月十五（或十六）日正是月亮最圆的日子，所以是"月满"，而月亮本身不发光，月光来自日光，所以"月满"时正是"与日相朢"，没有阻隔之时，就像臣朝见君一样。《说文》："望，出亡在外，望其还也。从'亡'，'朢'省声。"这个"望"就是盼望的"望"了。不过，古文字研究的结论跟《说文》的说法并不一致，"朢"字甲骨文作 ，本无"月"字，"臣"象竖着的眼睛的形状，表示眺望。后来添加"月"形，如金文 。"望"则是把"朢"的形符"臣"换成了声符"亡"。

"晦"是月末的最后一天。《说文》："晦，月尽也。从'日'，'每'声。"上文中，"朔"与"朢"都是从"月"的，跟月相关；"晦"则从'日'，这看起来相当奇怪。段玉裁《说文解字注》中解释说："月尽之字独从'日'者，明月尽而日如故也。"这种说法虽能讲通，看起来似乎也很牵强。或许，

"晦"字的本义并不是月末,而是古人多训释的"冥也""昏也",也就是日光昏暗,由此引申至一日的结束以及一月的结束(也可说是月光最昏暗之时)吧。

说过"日""月",下面继续说"星"。

"星"字小篆作曐,《说文》:"万物之精,上为列星。从'晶','生'声。一曰象形。从'口',古'口'复注中,故与'日'同。㚜,古文'星'。"上面"一曰象形"句之后是解释"曐"的古文字形"㚜",古文字形上方并不是三"日"的"晶",而是三"口"的"品"。而"古'口'复注中",就是在古文的"口"中间加上一笔,就跟"日"的字形相同了。

从上面《说文》的解释,可以看出"星"的字形来历很复杂。我们结合《说文》和现存的古文字材料,可以作以下推测:最初的"星"字大概是单纯的象形字,画两个(或多个)小圆圈,以"多"为区别特征。但是这样容易跟别的字形(如"品")相混,就添加了声符"生",如甲骨文字形 ✸、✸ 等(《说文》中的古文即这种字形的继承);或是跟"日"字一样,在圆圈里加上一笔,就成了"晶"字("晶"字甲骨文作 ✸、✸ 等形,古文字学者认为它与"星"字同形)。两种方式合在一起,就成了"曐"字了,这样的字形在金文中已经出现了。经过这一系列添加区别特征的调整,字形又变得过于繁复,不经济,于是就取消了最初的"多"的区别特征,把三个"日"简化为一个"日",最终定形为"星",稳定地沿用了两千年。

"星"字的演化历程,生动地诠释了汉字繁化与简化关系,其实所谓繁简的最基本原则,就是实际应用中的效果,是明确性与经济性的协调。所以,我们今天也不能简单武断地说繁体字就好,简化字就不好。

上面说到"星"字的演变过程中经历了"晶"字,甲骨文中"晶"都表示"星"的意思,其实就是"星"字。后来两种字形有了分工,用"晶"专门表示星光,以至于类似星光的光芒。《说文》:"晶,精光也。"

同"日""月"一样,《说文》中对"星"的解释也使用了"精"字,于是日、月、星相呼应,就是太阳之精、太阴之精、万物之精,相当完善了。而相比于日、月的高不可及,星则要显得平易得多。《说文》对"星"字的解释来自《管子》,原文是:"凡物之精,此则为生。下生五谷,上为列星。流于天地之间,谓之鬼神,藏于胸中,谓之圣人。"这"万物之精"神通广大,能化成万物,即"下生五谷,上为列星",也能融入万物,成其精神,即"流于天地之间,谓之鬼神,藏于胸中,谓之圣人"。这里,星与人就建立了密切的联系,古人也常以星喻人,把地上的圣人比作天星下凡。直至今日,这种观念仍然盛行,比如,之前很热闹的,人们把得了诺贝尔奖的莫言先生看成文曲星,纷纷到他的老宅参拜,以保佑孩子考试顺利,甚是了得。

"星"造字之初,就利用了其"多"的特征,"万物之精"的解释,也显示了"多",甚至于《释名》中的声训"星,散也",也形象地突出了"多"的意义。"多"确实是古人对星星最直观的感受,我们今天依然会惊叹于"满天繁星"(虽然在城市里看到的越来越少了,但在乡村野外,或去某些地方旅行的时候还能看到非常多的星星),会引起内心的震撼和对大自然的崇敬。

也正是"多",给了人们极为丰富的想象空间。将布满天空的星星勾画成各种图案,赋予其不同的意义,这就是星座(我国古时称"星宿")了。星座是东西方人共同的经验,今天人们已经不大关注自然的星座了,只有西方预测命理的抽象的星座还在大行其道。而在古时,星宿是非常重要也非常基本的知识,我们读古书会经常看到,比如《诗经》中说:"维南有箕,不可以簸扬。维北有斗,不可以挹酒浆。"这里的"箕"和"斗"就是两个星宿,两个星宿可以同时出现。箕宿在南,四颗星连成簸箕形;斗宿在北,六颗星连成斗形,斗是一种酌酒的器具,形状就相当于一个大勺子。古人抬头看到这两个星宿,就唱出了这两句饶有趣味的诗。

《诗经》中的"斗",据朱熹解说应是指南斗,所以上面说六颗星连成斗形。与之相对的就是我们最熟悉的北斗了,北斗是由七颗星连成斗形,文曲星也是北斗七星之一。北斗在夜空中非常显眼,古人会利用它来判定季节,即所谓"斗柄东指,天下皆春;斗柄南指,天下皆夏;斗柄西指,天下皆秋;斗柄北指,天下皆冬"。古人对星宿的观察是与现实的生产生活密切相关的,而其中最重要的，是以星宿为坐标，观察日月运行，来制定历法，指导农业生产。正因为此，与星宿有关的内容在古时是被人们关注的重要知识。

古人的天文学知识非常丰富，可以说是超出了我们平常的想象。周代就有了恒星、行星的观念，就有了清晰的星空分区和完善的历法。汉代就明确了以五行命名的金、木、水、火、土五大行星，与日、月合称为"七政"或"七曜"，并且发现了月亮本身不能发光，而是反射日光，等等。古书中关于天文学的记载也相当丰富而复杂。

因着对星宿的熟悉，古人也从中引出了许多与人事相关的联想，牛郎织女的传说在中国可谓家喻户晓。杜甫有首诗叫作《赠卫八处士》，写故友重逢，颇有光阴易逝，人生唏嘘之感。诗的首句"人生不相见，动如参与商"，就用了参与商两个星宿的典故。商（即心宿）在东方，参宿在西方，两者在夜空中不会同时出现，诗人用这两个星宿来比喻两个人长期不能相见的状况，真是太形象了。

年的四种说法

据说"年"在上古有四种不同的说法。出自《尔雅·释天》:"夏曰岁,商曰祀,周曰年,唐虞曰载。"

除了"商曰祀"以外,其他三种说法我们都不陌生。"年年岁岁""三年五载",都是我们今天常见的用法。

"年"的这四种说法,恐怕未必如《尔雅》所言,一定是唐虞时只说"载",到了夏朝就改说"岁",商朝就变成了"祀",周朝才开始用"年"。它们分别产生自什么时代,也难以考证。不过,了解一下每个表示年的字的来历,也是一件很有意思的事。

"岁",繁体字写作"歲",《说文》的解释是:"歲,木星也。越历二十八宿,宣遍阴阳,十二月一次。从步,戌声。"是说"歲"的字形是由"步"和"戌"两部分组成,"步"字做形符,表示行走的意思;"戌"字则是声符,表示字音。

按照《说文》的意思,"岁"的本义就是木星。木星又称作

"岁星",古人发现岁星在天空中的位置是变化的,大致是从西向东每十二年绕天一周。于是就把黄道附近一周天分为十二个等份,叫作十二次(依次命名为星纪、玄枵、娵訾、降娄、大梁、实沈、鹑首、鹑火、鹑尾、寿星、大火、析木),这样,岁星每行走一次就是一年,即《说文》所说"十二月一次"。(古人还把黄道附近的恒星归为二十八个星宿,十二次每次跨越两个或三个星宿,也就是十二年绕天一周,所以《说文》说岁星的运行是"越历二十八宿"。)根据岁星在天空的位置纪年,就是岁星纪年法。岁星纪年法产生后,"岁"表示年也就顺理成章了。岁星纪年法在我国上古时期就开始应用,甲骨文里就有了"岁"表示年的用法,《左传》《国语》等史书也多有岁星纪年的记载,如"岁在星纪""岁在鹑火""岁在寿星"等。说起来,我们老祖宗的天文学知识真是相当的发达啊!

"祀"的本义是祭祀,为什么能表示年的意思呢?汉代的儒者孙炎解释说:"祀,取四时祭祀一讫也。""四时",就是四季。上古时期,四季都有重大的祭祀活动。(经传记载中四时有不同的祭名。一种说法是:"春祭曰礿,夏祭曰禘,秋祭曰尝,冬祭曰烝。"另一种说法是:"春祭曰祠,夏祭曰礿,秋祭曰尝,冬祭曰烝。"两种说法只有春夏的祭名不同,据说前一种是商代使用的祭名,而后一种是周公所改。)四时祭祀都完成一遍,一年就过去了,于是"祀"就可以用来表示年了。

孙炎的说法听起来似乎并不那么令人信服,人们还有其他不同的解释。有种说法是"祀"其实专指祭祀天神,"祭"专指祭祀地神。祭祀天神时要烧柴,把气味传到天上。祭祀天神的活动每年一次,所以"祀"也就有了"年"的意思。这种说法也很有道理,如果每年有一次重大的祭祀活动,"祀"与"年"的意义就容易联系起来了。

总之,祭祀在古人的社会生活中有着重要的地位。《说文》对"祀"的解释是"祭无已也",说祭祀是一件不停止的长久的事,可见其重要性。不过"祀"表示年,即使在古书中也相当少见,只有《尚书》中出现得较多些,如"惟元祀十有二月乙丑""惟三祀十有二月朔"等,"元祀""三祀"就是"元年""三年"的意思。汉代以后的文章中除了仿古,基本没有"祀"表示年的用法了。

"年"字,甲骨文作 、 ,是会意字,上"禾"下"人",表示一个人背负着禾。《说文》小篆作 ,则是形声字,从"禾","千"声,释义为"谷熟也"。"年"字的本义就是禾谷成熟。上古的农业不像今日发达,今日稻谷在某些地方可以一年多次成熟,上古禾谷一年就是一熟,所以"年"字由禾谷熟的意义引申出表示时间的年,就顺理成章了。在农业作为根本的古代中国,丰收自然是广大人民每年最期望的事。"年"字的禾谷熟义,显然就包含了丰收的意义,用这样一个吉祥的字来记录"年"这个时间真是再好不过了。不过,随着"年"表示时间的用法逐渐根深蒂固,它表示丰收的意义却渐渐被人们淡忘了，这不能不说是一件颇有意味的事。

"岁""祀""年"，每个字都像一个鲜明的标签，刻着远古历史社会的烙印。它们来自不同的社会生活领域，却在表示时间的年的意义上交汇。语言与社会这种千丝万缕的联系，真令人感到神奇。

最后说说"载"字吧。"载"是个形声字，"车"是形符，表义；"𢦏（读zāi）"是声符，表音（用"𢦏"做声符的字，还有"栽""哉""裁"等）。《说文》说"载"的本义是"乘也"，《史记》中有句话"陆行载车，水行载舟"，里面的"载"就是乘坐的意思。"载"由乘坐义引申出装载、运行、记载等常用意义，都似乎跟表示时间的"年"攀不上什么关系。古人对于"载"为什么能表示年也莫衷一是，听起来都不那么确凿。比如郭璞注《尔雅》曰"取物终更始"，大概是说"载"有开始的意思，年是不断重复循环不已的，一年终了一年又开始，所以"载"就能表示年了。戴侗《六书故》里说："载"字有"记载于简册"的意义，"古者以年记事，故年亦谓之载"。后一个说法听起来好像还更有道理一些。

虽然"载"为什么能表示年，人们难以说清，但"载"表示年的用法却一直沿用到现代，仍为我们所熟悉。有时，语言以约定俗成的力量传播和发展，是不需要什么道理的。

东南西北

我的方向感不好，出门很难分辨东西南北。后来我知道了一种最简单的方法，晴天管用，就是看太阳：早晨太阳的位置是东方，中午是南方，傍晚则是西方，无论什么时候，都不是北方。

古人的五行学说把东、南、西、北（包括中）与五行相配，说东方木，南方火，西方金，北方水，中央土。也与四季相配，说东为春，南为夏，西为秋，北为冬。古人能设计出这样的对应，大概也跟一天中太阳的变化有关。早晨太阳从东边升起，象征着万物生长，就与木相配，与春季相配；正午太阳在南方，气温最高，就与火相配，与夏季相配；傍晚太阳西沉，就与金相配，与秋季相配；太阳不在的北方，就与水相配（水性寒），与冬季相配。

从甲骨文字形来看，"东""南""西""北"四个字都是假借用法："东"的字形（🜨）原本表示一种大口袋，"南"（🜨）原本表示一种乐器，"西"（🜨）则是鸟巢的形状。

"北"（㇏㇏）的字形是两个人背向而立，本义是相背，也就是说，"北"就是"背"的本字。四个方位字都使用假借字，是合乎情理的。因为方位是一种很抽象的概念，人们很难通过具体的象形、会意等造字方式来表现，所以，用一个已有的同音字来表示，是一种既现实又有效的方法。

随着字形的演变，到了小篆里，东、南、西的最初象形意义就不容易看出来了，所以许慎的《说文解字》中，就有了不同的解释。许慎根据小篆字形的分析，虽然不符合其最初的意义，但也有其精妙之处，长期为后人接受。

"东"（東），小篆作東，《说文》："东，动也。从木。官溥说，从日在木中。"许慎说"東"是由"日"和"木"组成的，太阳（日）从树（木）后升起，就是东方了。而太阳升起，一天开始，万物也活动起来，就是"东，动也"的声训了。从小篆字形来看，这样的解说是很妥帖，很有说服力的，太阳从树后升起的意象，也正是东方给人最形象的感受。太阳升起，在汉字中还有其他相关的联想，比如"旦"，就是表示太阳（日）从地平线（一）升起。

"东"字，今天还常用的组词是"东道主""房东""做东"一类。这个意义不是其字义赋予的，而是在历史典故中产生的。"东道主"的典故来自《左传》里有名的"烛之武退秦师"的故事。

晋文公联合秦穆公攻打郑国，两方的军队都攻入郑国，驻扎在郑国都城附近。郑文公打不过他们,听人推荐,请烛之武去会见秦穆公。烛之武对秦穆公说:秦晋围郑,郑国肯定是保不住了。如果郑国灭亡对秦国有好处的话,我就不来这里打扰您了。如果灭掉郑国分给秦国土地,这土地跟秦国中间还隔着一个晋国(郑国在晋国的东边,秦国在晋国的西边),秦国怎么能管理呢?所以郑国的土地只会被晋国占有。晋国的实力增强了,不就相当于秦国的实力削弱了吗?您也知道晋国贪得无厌,东边占领了郑国以后,肯定会往西边扩展,那就要抢占您秦国的土地了。烛之武又说:"若舍郑以为东道主,行李之往来,共其乏困,君亦无所害。""行李"是使者的意思,这句话的意思是,要是留着郑国作为秦国东方道路上的主人,秦国的使者途经郑国,郑国都会优待他们,给他们提供补给,对秦国也有好处。秦穆公听了烛之武的话,很信服,就跟郑国签订了和约。没有秦国的帮助,晋文公也只能退兵了。

"东道主"从这个典故中凝固下来,被专门用来表示款待客人的主方。"东"也就有了"主"的意思,后来"做东""东家""房东"这些词就都踊跃而出了。

"南"字小篆作𤳊,《说文》:"艸木至南方有枝任也。从'𣎵'(bèi,小篆作𣎵,《说文》"艸木盛𣎵𣎵然",表示草木茂盛),'𢆉'(rěn)声。""草木至南方有枝任也"是说南方的草木枝叶茂盛,所以用草木枝叶茂盛的意象来表示南方。徐锴《说文解字系传》中解释说"南方主化育",所以南方草木枝叶茂盛。段玉裁《说文解字注》解释则更复杂一些，他引了《汉书·律历志》里"大阳者，南方。南，任也，阳气任养物，于时为夏"的说法，说其实是草木到夏天枝叶茂盛，而夏天对应的方位则是南方，这是从五行和方位的对应上来解说的，实际上更可能符合许慎的原意。

"西"字小篆作🥚，很漂亮，《说文》："西，鸟在巢上，象形。日在西方而鸟栖，故因以为东西之西。"许慎说其义为"鸟（🗝）在巢（⊠）上"，与甲骨文最初的象鸟巢形还是比较接近的。因为鸟归巢栖息的时候，正是夕阳西沉的时候，所以表示鸟归巢的"西"就用来表示西方了。这样看来，"西"字表示西方也可能不是语音的假借，而是字义的引申。

黄昏时归巢的鸟儿称为"宿鸟"，古人诗词中常有提及，如李白的《菩萨蛮》："玉阶空伫立，宿鸟归飞急。"归巢的燕子就叫"宿燕"，如温庭筠的《池塘七夕》："香烛有花妨宿燕，画屏无睡待牵牛。"古人生活天真淳朴，把自然万物都融入自己的生命和情感中，才能写出这些多情的诗句，才能造出"西"这样优美温暖的文字。

而"北"字，小篆作ϺϺ，字形跟甲骨文差别不大。《说文》："北，乖也。从二人相背。"也只解说了其本义，并未提及方位义。"北（背）"为什么能表示北方，《白虎通》里有这样的说法："北方，伏方也。阳气在下，万物伏藏。"这也是声训，因为"北"字在唐朝以前的读音和"伏"字基本上是一致的，所以说"北方"就是"伏方"。"声训"是古人经常使用的训诂方式，不过有时候难免会牵强附会，《白虎通》的这个解释就比较曲折。若一定要从相背义引申到北方义，我们也可以联想：北边就是背阴的一边，花草树木大都向阳，那背着的一方就是北方了。人们建房也习惯坐北朝南，因为房子最基本的需求之一是采光，那么，房子背着的一方也是北方了。这样看来，北方就好像是个没人待见的受气包，总让大伙以后背相对。

"北"字还有战败的意思，今天还在使用的"败北"这个词里，"北"跟"败"是同义。"北"表示战败，不是来自方位词义，而是来自它的本义"背"，打败的人都会逃跑，逃跑就要背对着胜者了。"北"表战败，在古书中很常见，如《韩非子》中说："鲁人从君战，三战三北。"为什么鲁国士兵总是败呢？孔子去问，士兵回答说："我们家里还有老父亲，战死了就没人赡养他们了。"唉，这话多么朴实真挚啊！

四季更替

四季,古人常称为"四时"。四季在传统中的地位要高于现代,今天我们记事,通常说年月日,而上古的史书中记事,年之后是一定要说季节的。比如《春秋》开篇"元年春王正月",这个"春"在元年之后,是不可或缺的。这里,我们就说说在古人眼里有着重要地位的"春""夏""秋""冬"。

"春",小篆作𣎳,《说文》:"萅,推也。从'艸',从'日'。艸春时生也。'屯'声。""萅"是一个形声字,上下的"艸"与"日"是形符,表示草在春日里生出;中间的"屯"则是声符。隶定后写作"春",其实就是"萅"的简化字,而这种简化在汉代就完成了。简化后的"春"字,我们已经分辨不出其形符"艸"和声符"屯",字形的表义和表音功能都模糊了。

《说文》阐述的"春"和"推"的关系,似乎较难理解,其实这是声训,古音"春"与"推"的声母相同,字音比较接近。我们若对比《尚书大传》引文中的:"春,出也。万物之出也。"就可以理解《说文》了。《尚书大传》中的训释与《说文》是基本一致的:"出"也与"春"同声母,而含义则跟"推"比较接近。春天,小草被推出地面;不光小草,万物也都活跃起来,植物从土里生出,动物从巢穴走出,大自然一改往日萧条,焕发出勃勃生机。

春是四时轮回之始,是一年的起点,春草生、万物出就恰恰道出了这个季节最基本的特征。春季里有个节气叫作"惊蛰",意思就是(春雷阵阵)惊醒了蛰伏的生物。而"春"字在汉代还有个非常著名的声训:"春,蠢也。"同样是这个意思。当然,这个"蠢"不是"愚蠢"的"蠢",而是我们熟悉的那个成语"蠢蠢欲动"里的"蠢"。"蠢",《说文》:"虫动也。"本义就是昆虫活动。从逻辑上推理,"蠢"的意义很可能是来自"春"字,所以,用"蠢"来训释"春",难免有本末倒置之嫌,但也可以明确地显示出两个字的密切关联。

春天象征着生机,也是动物发情交配的时期,所以古人讲究嫁娶之事要在春天进行。《白虎通》中说:"嫁娶必以春者,春天地交通,万物始生,阴阳交接之时也。"早期人类与自然的密切关系,都在这日常生活之中。这恐怕不是现代人去野外走走,拍几张照片所能够理解的。

"夏"字我们在后面的《三代之大》中会详细讨论,它是个象形字,《说文》中的本义是"中国之人也"。而"夏"字在上古时常用来表示大的意义,四季中的"夏"就取自这个大的意义。春天万物生出,至夏则壮大矣。春天是"天街小雨润如酥,草色遥看近却无",到了夏天,就是"接天莲叶无穷碧,映日荷花别样红"了。比之春天,这是何等壮阔的场面,又是何等充盈的气势啊!夏是春的发展,也是一年中极盛大的时期。

从"中国之人"到夏朝,到华夏,到夏天,这个"夏"字一直代表着正面宏大的形象。这样的字在汉字历史中也是不可多得的,倒可以作为起名字的首选了。

"秋",小篆作 ❍,《说文》:"禾谷熟也。从禾,龜(jiāo)省声。""龜省声"看起来难以理解,其实就是说"秋"是一个形声字,声旁本应是"龜",但省略了上面的"龜",只保留了下面的"火(灬)"。

根据《说文》的线索,古文字学者考证甲骨文中的 ❍、❍ 等即是"秋"的本字,是个象形字,本义是蝗虫一类的昆虫,在秋季成群出现,掠食庄稼。在生产力不发达的上古时代,人们对虫灾无能为力,只能通过祭祀祈祷的方式来祛除。害虫成为秋季的代表,正体现出虫灾给当时的人们造成的深深的恐惧。

后来,人们学会了用火驱赶害虫,就给"秋"字形添加了"火"旁,变为 ❍。后来,又给它添加了"禾"旁,删去了原本的象形部件,就成了最终的"秋"字,可以说是完全改头换面了。

秋天除了令人振奋的丰收之外,还有着一层消极的意味,那就是万物开始由盛转衰了。盛极而衰,是自然界的规律,这规律也从夏秋交替中生动地体现出来。气温渐渐转凉，花木先后凋零，往往会唤起人们的感伤情绪，自古以来，悲秋的诗文就层出不穷。早在《诗经》中，"蒹葭苍苍，白露为霜"（《秦风·蒹葭》）、"秋日凄凄，百卉具腓"（《小雅·四月》）等句子就已开此先河，到了战国时的宋玉作《九辩》，开篇便是"悲哉秋之为气也！萧瑟兮草木摇落而变衰"，气势卓绝，已臻于登峰造极了。

秋是自然界的衰败，而多愁善感的人类则会由此联想到自身，借悲秋来抒发人生短暂，韶光易逝之叹，这也是悲秋的诗文众多的原因。若以季节象征人生的历程，春与秋就形成了鲜明的对比，汉代有首著名的励志乐府诗《长歌行》，就运用了春与秋的这种象征意义：

青青园中葵，朝露待日晞。阳春布德泽，万物生光辉。常恐秋节至，焜黄华叶衰。百川东到海，何时复西归？少壮不努力，老大徒伤悲。

不过，历史上也有写秋而不写悲的，那就是大手笔方能为之了。唐代诗人刘禹锡有首《秋词》：

自古逢秋悲寂寥，我言秋日胜春朝。晴空一鹤排云上，便引诗情到碧霄。

向来为人所称道。这首诗明言反其道而行之，看起来虽有些刻意，但也确实换一个角度写出了秋季的好处，正所谓秋高气爽，境界开阔。人生到了秋季，虽体格渐衰，精力渐弱，但阅历也已丰富，心态更趋于成熟稳重。既然人生是个不可逆的过程，那就坦然接受，享受不同时期的好处，也不失为一种豁达的姿态。

"冬"字，小篆作 ，《说文》："冬，四时尽也。从'仌'，从'夂'。'夂'，古文'终'字。" "冬"字甲骨文字形作 ，与"终"本就是一字，用线头的终端的绳结象形，表终尽之义，而"冬"特指一年四季的终尽。后来为了区别，两字分别添加了义符，成了不同的字形："冬"添加了表示寒冷的"仌"，"终"则添加了表示丝线的"糸"。大概因为"终"的右部尚嫌表达不清，所以又改成了"冬"字，这样，"终"就变成了一个会意兼形声字。"冬"与"终"的这一系列变化都属于字形的繁化，与简化是方向完全相反的，虽然这不符合文字使用中追求简单经济的原则，但其主要目的是为了表义清晰，添加明显区别特征来避免误解。文字的发展就是在明确性和经济性两个原则之下的斟酌和调和。

冬就是终点，是一个轮回的结束。冬天万物蛰伏，清冷的意象常给人凛冽超然之感，那就是"孤舟蓑笠翁，独钓寒江雪"的姿态了。

四季的浪漫联想发生在文化生活日渐丰富，人们有心情感伤、有时间文艺之后。若回到上古,四季则主要是现实生活的意义,这也是四季在上古有着重要地位的原因。《史记》中说:"夫春生、夏长、秋收、冬藏,此天道之大经也,弗顺则无以为天下纲纪。"天道如此,人就该顺应天道,在四季里做好相应的工作,方能保证自身的生存。上古的四季里都有重大的祭祀活动(详见《年的四种说法》),正显示出了人们对天道的这种无上的敬畏之心。

五行生克

"五行",即金、木、水、火、土五种元素。表面看起来"五行"之说很像是朴素的自然科学,但其实际用处全在于人事。五行的理论基础是天人合一,所以五种元素的相生相克、循环往复,既是自然规律,也同样是人类社会的规律。《说文》中对"木""火""金""水""土"五个汉字的解说就深受五行学说的影响。(本文讨论依木、火、金、水、土的顺序进行,与此前的两篇《东南西北》《四季更替》相呼应。)

"木"字小篆作朩,是个象形字(甲骨文 ）。《说文》:"冒也。冒地而生。东方之行。从'屮'(音chè),下象其根。"从小篆和甲骨文字形可见,"木"字上下对称,下半部是根,上半部(即《说文》"从'屮'")是茎与枝,是整体象形。《说文》并未直言"木"字的植物本义,也许因其本义太过显豁,无须解说。所谓"木,冒也",是声训,许慎认为"木"之所以读mù,是来自"冒"的意义,也就是"冒地而生"，这与我们前面所说的"春，推也"是一致的。"东方之行"就是五行理论的解释了。五行中"木"对应的方位是东方，季节是春季，所以若将五行与季节、方位联系起来观察，可以发现它们完美的统一性——东方是日出之方，是四方之首；春季是万物生出之季，是四时之始；而"木"的"冒地而生"也取其初生之义，是五行之始。

"火"字小篆作火，是个象形字（甲骨文作火、火等）。《说文》："火，燬也。南方之行，炎而上。象形。""燬（音 huǐ）"字之于我们大概比较陌生，《说文》"燬，火也"，与"火"字互训，表明两者意义相同。古人认为"燬"就是齐方言中的"火"字，与"火"相比只是读音稍有差异而已。（《尔雅》："燬，火也。"郭璞注："齐人语。"陆德明《经典释文》引孙炎语："方言有轻重，故谓'火'为'燬'。"）"南方之行"也是跟五行理论相联系了。五行中"火"对应的方位是南方，季节是夏季，南方日在中天，是一天中最热的时段；夏季万物繁盛，是一年中最热的时段，火在五行中为太阳，正与其相合。

"金"字小篆作金，《说文》："五色金也。黄为之长，久薶不生衣，百炼不轻，从革不违。西方之行。生于土，从'土'；左右注，象金在土中形。'今'声。"许慎说"金"是一个形声字，上面的"今"字是声符，下面则是土中含金（"左右注"，即两个点）。若象形，"金"的形状只有那两个点，但造字时若只写两点，很难行得通——一来恐怕没人能看出那两点就是金属，二来也很容易跟其他笔画少的字相混。所以要加上"土"，表示它生于土，"土生金"则正合于五行学说。在象形的基础上添加相关形符是一种造字方式，比如"丹"字，小篆作月，象形也只是中间的一点，再加上一个"井"，就更清楚了；又如"果"字，小篆作果，象形则只是上半部分，再加一个"木"，也更清楚了。按照许慎的解说，"金"字不光添加了形符，还添加了声符。

许慎解说小篆字形很清楚，但是对于古文字的"金"，则显得不那么合适。从金文字形（注、金）来看，"金"字最初很可能是根据冶炼金属的操作而造出，上部三角形为坩埚，下部是范器，两点或多点表示有金属的液体从中滴下。至于后来象形部件的上方变为声符"今"，很可能是字形的讹变。

"金"在古代可以统称所有金属，也可专门表示黄金。《说文》"五色金也"，指金（黄金）、银（白金）、铅（青金）、铜（赤金）、铁（黑金）五种；而"黄为之长"则专指黄金了，黄金作为尊长，其高贵之处，《说文》列出了三点："久薶不生衣，百炼不轻，从革不违。"就是说长时间埋在地里也不生锈，多次冶炼也不减轻，可以顺从人意改变形状（销铸以为器）。

金虽是好的，但其本性属阴，而且由金属制成的器具，很多都作为武器，有肃杀之气，所以金是西方之行，对应四季中的秋季。日处西方，天色渐暗，阴气始生；秋季也是四季中由盛转衰的开始。人们喜欢称秋季为"金秋",这种说法的来源,即是五行中的"金"与"秋"相配合,所以古人会以"金"表示"秋",常称"秋风"为"金风"。陈子昂的诗句"金天方肃杀,白露始专征"(《送著作佐郎崔融等从梁王东征》)里面的"金"就是秋的意思。古人也偶有将"金""秋"连用的,如清人魏源《华山》诗中的"金秋严肃气,凛然不可容"。

"水",《说文》:"准也。北方之行。象众水并流,中有微阳之气也。""水,准也"也是声训,这两个字的读音今天看起来迥然不同,其实可能在古人看来差得并不那么远。(段玉裁认为"准"字古音相当于"追"的上声,那就与"水"的韵母相同了。)《说文》"准,平也",以"准"来解释"水"正是取了水平的性质。水面是平的,引申出水能公平滋养万物的义涵,所以《白虎通》里说水"养物平均,有准则也"。

"水"是象形字,《说文》"象众水并流"很容易理解,但"中有微阳之气"是什么意思呢?这个就有些复杂了。我们看"水"字的小篆字形,虽"众水并流",但中间与两边却不同,两边的水流是断开的,中间则连续。如果你熟悉《周易》的卦爻,就会联想到"水"字的两边很像阴爻,而中间则是阳爻,阴爻裹挟阳爻,故"中有微阳之气"。依据在《周易》,而要表达的意义则在五行。从五行相生上来讲,水生木,而水性阴,木性微阳,所以就说水中"有微阳之气"了。这种结合字形对字义的解说难免有附会之嫌,但也是相当巧妙的。

水对应的方位是北方，季节是冬季。水在五行中是太阴，正合于北方日入，阴气最重；冬季寒冷，万物伏藏之义。

"土"字是个象形字，甲骨文作 ◊、△ 等，即象土堆之形。发展到小篆的 ±，就跟今天的楷书字形几乎一样了。《说文》的解释比较复杂："土，地之吐生物者也。'二'象地之下、地之中，物出形也。"（段玉裁修正为："地之吐生万物者也。'二'象地之上、地之中，'丨'，物出形也。"）以"吐"解释"土"字，自然也是声训。"土"是五行之一，但同时地位又高于其他四行。因为土即是地，所以《说文》说"地之吐生物者也"。从这个角度上讲，说万物都生于土，也没有错。《白虎通》中说："土者最大，苞含物，将生者出，将归者入，不嫌清浊为万物。"这就不光生出万物，兼且收纳万物了，这样的土，说它最尊是一点都不为过了。古人还有"生则出焉，死则入焉"的说法，更是触目惊心了。

土对应的方位是中央，不与四季相配。五行配四季，必然有一行不能相配，这一行就只能取最与众不同的土了。

讲过了"木""火""金""水""土"的字形及其与方位、季节的相配，我们就可以说说更复杂而有趣的五行相生相克原理以及其与人事的联系了。

五行生克是一个封闭的循环，其本身的复杂与周密，堪称完美。

五行相生的线索是：木生火，火生土，土生金，金生水，水生木。隋人萧吉曾编写了一部五行学说的集大成之作《五行大义》，其中所引的《白虎通》，对五行相生的解释最为生动：

> 木生火者，木性温煖（同"暖"字），火伏其中，钻灼而出，故木生火。火生土者，火热，故能焚木，木焚而成灰，灰即土也，故火生土。土生金者，金居石依山，津润而生，聚土成山，山必生石，故土生金。金生水者，少阴之气，润燥流津，销金亦为水，所以山石而从润，故金生水。水生木者，因水润而能生，故水生木。

这里面大都是自然属性的说解，只在金生水的说法中掺入了阴阳的观念，金属少阴，性温润，润则生水。若从阴阳的角度来看，五行相生的循环是少阳（木）——太阳（火）——阴（土）——少阴（金）——太阴（水），也相当整齐。因为土的地位最高，直接与天相配阴阳，不与其余四行相对。而火生土、水生木两项，则是阴阳相生。许慎在解释"水"字时说"中有微阳之气"，则水是外阴内阳；而火，则是外阳内阴了。阴生于太阳，阳生于太阴，这也符合中国哲学中一个重要原则，即物极必反，相反相成。

细想一下，我们还会发现，其实上面所说的五行相生，都是人类生产发展史中具有重要意义的进步——钻木取火自不必说；以火烧田，灰做肥料，是早期人类提高土地续耕能力的重要手段；采集矿物，冶炼金属，是手工业的重大进步，甚至历史学家都以冶炼金属的能力作为早期社会分期的标志；即使看起来最简单的引水灌溉，也是保证农业生产的重要工程。不能不承认，现实的物质生活对人们抽象思维有着深刻的影响。

五行相克，古人常称为"五行相胜"，"克"与"胜"的意思是一样的。五行相克的线索是：金克木，火克金，水克火，土克水，木克土。五行相克的自然属性比起五行相生来要容易理解得多，所以古人一般也不做解释，关注点就放在其象征意义上了，《白虎通》中说：

> 五行所以相胜者，天地之性：众胜寡，故水胜火也；精胜坚，故火胜金；刚胜柔，故金胜木；专胜散，故木胜土；实胜虚，故土胜水也。

这说得虽有些玄虚，但确实生动形象，细品之下不但妥帖合理，还颇有美感和警策意义。这样的句子，不能不令我们叹服古人高超的思辨能力。

古人将五行相生喻为父子关系，如木生火，则木为父，火为子，这很容易理解，由此，则五行相克，便是子为父报仇了。如金克木，火为木之子，为父报仇，则火克金；水为金之子，为父报仇，则水克火，如此继续，就是五行相克的循环了。看到这个，你是否开始体会到了五行体系的精妙之处了。在古人的观念中，子报父仇是天经地义之事，而且绝对是第一等的大事，所以传统的传奇小说中常会有复仇的情节冲突，所谓"杀父之仇，不共戴天（不能同在一个蓝天下）"更是屡见不鲜。

关于五行生克，还有一种人事上的说解，把五行比作五种官职，木为司农，火为司马，土为司营，金为司徒，水为司寇，五者分别具有仁、义、礼、智、信五种品性，这个说法出自董仲舒的《春秋繁露》，比较系统而繁复，这里就不细说了，有兴趣者可深入研究。

古人又在五行生克的基础上引发出一个更为复杂的系统，那就是"五行更王"了。所谓"五行更王"，就是五行交替为王的意思。以木为王为例，则是"木王，火相，土死，金囚，水休"。怎么理解这个关系呢？王所生者相，"相"是辅助义，古人官职"丞相""宰相""相国"中的"相"都是辅助君主的意思。木生火，木为王，火辅助木，就是"火相"了。王所胜者死，木胜土，就是"土死"了。胜王者囚，金胜木，就是"金囚"了。金能克木，为什么会被囚呢？正因为金能克木，木要稳居其位，必须防金。虽然木本身并不能对付金，但可以依靠火，火辅助木，正能克金，不过此时火还虚弱，不够成熟，所以金会被囚，尚不及死。生王者休，王之父，就是前一任王者已经老了，可以休息了。水生木，木王则水老，所以说"水休"。

这个体系也是相当严密了，其中蕴含着封建宗族社会中父子相继的基本原则，木壮年正王时，其父水则老矣，可以安心休养，不必再加干涉（上面的一切事为都与水无关）；其子火虽未壮，但必为辅助，首先可以发挥作用（金囚），其次也能为今后居正位打下基础，保证次第延续。而父子合力，就能维持家族的安定。

上面只是略陈梗概，而由五行的性质，及其相生相克变化所能联想到各种事件的关系是无穷尽的。值得注意的是，五行学说并不是一人所创，用途也不一，经过世代的演绎，至汉代已经颇繁复了，而且古人又将五行与阴阳、四季相结合，其间错出也不为少。比如五行中的土，因与四季之说有矛盾，就有了解释的分歧。有人认为土能王四季（木王春，火王夏，金王秋，水王冬），如《白虎通》言："土所以王四季何？木非土不生，火非土不荣，金非土不成，水非土不高。土扶微助衰，历成其道，故五行更王，亦须土也。"土的地位确与其余四行不同，但若认为其王四季，就显然与五行更王的理论矛盾了。也有人认为土居于夏秋之间，这样还比较合理一点，但若这样的话，土所王的时间就太短了，于是就有人认为四行更王即可，土做个交接的傀儡便好。如《白虎通》言："主幼臣摄政何法？法土用事于季孟之间也。"这就是说土王于季夏和孟秋之间，非常短暂了。同样一部《白虎通》就夹杂着这样两种观点，可见五行与四季的矛盾是无法调和的了。这也告诉我们，五行并不是四季那样的绝对和客观，所以有时不必太当真。

五行说在汉代是正统学说的组成部分，主要用于政治。后来则在民间得到更多的发展，主要用在医学和命理上了，那里面的演绎，就更复杂而玄秘了。

符号

传达心灵寄托

神,天神,引出万物者也。从示申。
——《说文解字·示部·神》

"三教"之得失

同门曰朋，同志曰友

反"正"为"乏"

和为贵

容忍与自由

"三不朽"

鬼神崇拜

成仙之路

"三教"之得失

儒家传统有"三教"之说。这里的"教"是教化的意义,所谓"教者,效也,上为之,下效之",以达到教化民众,提高素质之成就。虽说"三教"之产生,主要也是出于统治目的,但内容毕竟都是正面积极的为人处世之道,后世便渐渐成为儒家知识分子修身的标准。

三教,忠、敬、文也。三者的关系,《白虎通》里是这样阐述的:

> 王者设三教者何?承衰救弊,欲民反正道也。三正之有失,故立三教,以相指受。夏人之王教以忠,其失野,救野之失莫如敬。殷人之王教以敬,其失鬼,救鬼之失莫如文。周人之王教以文,其失薄,救薄之失莫如忠。继周尚黑,制与夏同。三者如顺连环,周则复始,穷则反本。

这段话说得既清晰又有条理，今天这篇文章，我们就结合文字的解说把这段话串联一下。

"忠""敬""文"都是我们相当熟悉的字了，可以说属于常识的范围，不需要具体解释。不过，若去翻《说文》，看看每个字的说解，依然会产生疑惑。《说文》："忠，敬也。从心，中声。"许慎认为"忠"是一个形声字，就是"敬"的意思。可是我们上面已经看到，"忠""敬"是三教中的两教，"忠"若与"敬"是一个意思，这两教岂不是没法区分了吗？

古人对"忠"还有另一种解释，是把它看成会意字的（至少是形声兼会意字）。"忠"是由"中""心"两个字组成的，所以孔颖达说："于文，中心为忠。""中心"，就是发自内心的意思，发自内心则不虚假，不隐讳，是真情实感的流露。这个"中心"，也就是我们今天常用的"衷心"了。《大戴礼记·文王官人》中有句话——"其言甚忠。"王聘珍注释说："言忠者，言必由中也。""言必由中"，就是说话必然发自内心，其反面就是我们熟悉的成语"言不由衷"了。

其实，把"忠"解释成"中心"，其意义就相当于真诚了。三教里的"忠"就是真诚的意思。我们熟知，真诚是一种美德，父母从小就教育子女做人要诚实。但是，过分真诚也是有问题、有流弊的，《白虎通》说"其失野"，真诚的流弊就是"野"。这个"野"字该怎么理解呢？若过分注重真诚，就容易被真诚所蒙蔽，以为只要实话实说，只要发自内心就都是好的，都是对的,这样就有可能形成一种我行我素、随心任性的处世方式,轻视常识,不顾忌外界环境和他人感受,易于冲动,这就是"野",就相当于人们常说的"没教养"了。《论语》里有句"质胜文则野",里面的"野"也是这个意思。另外,若过分注重真诚,还会导致轻信,以为别人也和自己一样真诚,对别人的话不加分析地接受,那就是愚蠢了。所以《礼记》中说:"其民之敝:蠢而愚,乔而野,朴而不文。"

既然过分真诚则流于野,那么该如何补救呢?这就需要"敬"了。《白虎通》里说:"救野之失莫如敬。""莫如敬"的意思,就是没有比敬更好的了。为什么呢?我们先看"敬"字的解释,《说文》:"敬,肃也。从'攴''苟'。"许慎认为"敬"是会意字,以"攴"(读pū,表示用手击打义)和"苟"(读jì,表示谨慎的态度)会意。"敬"的本义就是态度严肃庄重,谨慎恭敬。而这种态度的产生,就需要内心有所信仰、有所畏惧,所谓"敬畏心"就是指这个了。人有了敬畏心,才能够克制过分真诚而生出的随心所欲的"野"。如何形成这种敬畏心呢?商朝统治者的重要举措就是祭祀和占卜。对天地神灵、先人鬼魂的祭祀不仅仅是表达景仰和追思,更能让置身其中的人们感受到天地和先辈的存在,他们时时就在身边,指导你,监督你,惩戒你,你做事要顺从他们的旨意,这样就有了敬畏心而不能随心所欲,就必然会走向严肃和庄重。

鬼神崇拜不失为一种净化心灵、规范行为的好方法,但过分依赖也有很大弊端，凡事都要求神问卜，以为专心奉神便会诸事顺遂，完全按照所谓神的旨意行事，这一方面可能会导致办事的低效率，甚至方法的不合理，不能达到预期；另一方面，还会导致浮躁懒惰，推卸责任，因为事事都是鬼神的安排，当事人就不需要去思考、去谋划了。倘若造成损失，也不是当事人的责任。极端神秘必然流于无原则，这大抵就是《白虎通》中所说的"其失鬼"所包含的意思了。《礼记》中是这样说的："其民之敝：荡而不静，胜而无耻。"

既然"敬"有如此弊端，该如何补救呢？那就需要"文"了，所以周朝改变商朝的作风，以"文"为教。（后文《字说"文""化"》里会详细讨论"文"字。）"文"有条例、规则和文饰、装饰的意义，这里所说的"文"就包含了这两层意义，其现实的落脚点就是儒家的礼了。礼是一套完备的行事准则，是一种程序和规范。有了这一套准则，人们做事都有章可循，有法可依，就避免了诸事求神的无原则与低效率，所以说，"救鬼之失莫如文"。

"文"是一套有效的规则，对于维持社会稳定有着重要意义，但"文"也有其流弊，就是"薄"了。这个"薄"，就是轻薄、淡薄的"薄"。一切都依照规定，正人君子有其一致的标准，只要按图索骥就行了。这样一来，必然会造成千人一面，争做模范，而放弃了真性情，就难免走向虚伪，表里不一，欺世盗名。近代知识分子对传统封建社会的抨击中所说的"假道学"就是这个了。这种虚伪就是"薄"。《礼记》中说："其民之敝：利而巧，文而不惭，贼而蔽。"如何来补救"文"的弊端呢？那就又需要最初的"忠"，需要真心诚意了。如此一来，便是《白虎通》中所说："三者如顺连环，周则复始，穷则反本。"

其实，若从历史政治的角度看，忠、敬、文三者恰是一个历史发展的过程。最初人们聚落而居，民风淳朴，就是"忠"。但随着人口渐多，成分渐复杂，需要统治者有绝对的权威，就产生了"敬"。因为"敬"无原则的弊端，并且也不利于更大范围人群的规范，又创造出更科学更高效的"文"。所以，古人把三教对应于夏、商、周三代，是很有道理的。

虽然三教行之有先后，但后者是在前者的基础上发展而来。所以"周则复始"只能是个形而上的说法，后世发展完备，就不必"周则复始"，而是要融会贯通了。《白虎通》中说的另一句"三教一体而分，不可单行"，才是实情。同样是行为规范，儒家的礼不同于法家的法，正在于礼是一个历史发展的过程，是融合了"忠"与"敬"的：一方面，礼注重人情，主张不仅要合理，也要合情；另一方面，礼注重信仰，宣扬其为先祖之法，合乎天地之道。这样一来，礼就建立了一个完善的理论体系，更有其优越性。

值得注意的是，在后世看来，"敬"有其历史局限性，似乎是不必要的。三教只取"忠"与"文"也可成为较完备的体系。《论语》中"文质彬彬，然后君子"的说法，正是这个体系的体现。但从个人修身上说，有所信仰和敬畏也可以是一个重要的约束。孟子所讲的君子有"三乐"，其二为"仰不愧于天，俯不怍于地"。不仅问心无愧，问天问地亦无愧，则是一种浩然之气魄了。

同门曰朋，同志曰友

"朋友"的说法产生得很早，《论语》中曾子著名的"吾日三省吾身"，其中之一省就是"与朋友交而不信乎"。孟子讲五种人伦关系，即是："父子有亲，君臣有义，夫妇有别，长幼有序，朋友有信。""朋""友"两个字在意义上可能并无区别，但古人有个非常流行的训释："同门曰朋，同志曰友。"这里面的"朋"和"友"，不但各自承担起不同的意义，还罩上了不同的感情色彩。

"同门"，就是同出于一个师门了。今天大学里同一个导师的学生之间依然称作"同门"。《论语》首章"有朋自远方来"，古人的解释便是"同门曰朋""同处师门曰朋"。不过这个"朋"或许不是孔子的同门，而是指求学于孔子的人，即同处于孔子师门的人。所以，宋翔凤《朴学斋札记》里说："'朋'即指弟子。"就是说"朋"是指孔子的弟子了。这样解释，《论语》的首章看起来就相当通顺了：

学而时习之,不亦说乎?有朋自远方来,不亦乐乎?人不知而不愠,不亦君子乎?

这一段可以全看作名师孔子跟弟子介绍自己的开场白——我学到了就按时去实习(传授给你们),不也快乐吗?有人远道而来跟我求学,不也高兴吗?如果别人不了解我(与远道慕名而来正相反),我也不怨恨,不也是君子吗?

同门在古代是非常重要的人际关系。从诸子百家起,学者都讲究师承,渊源有自,学问才有根底,立论才被接受。而由此,也生出了相应的弊端,那就是固守师说,缺少质疑和创新。而由同门发展出的另一个弊端,就不限于学问,而是政治斗争了。于是就有了那个颇含贬义的词语——朋党。

朋党之"党",繁体作"黨",《说文》在"黑"部,注:"不鲜也。从黑,尚声。""不鲜"字面上很容易理解,就是不新鲜了,但在文献中,却无法找到"黨"字有过如此的用法。段玉裁《说文解字注》也只能说"黨"就是"曭",引屈原《远游》赋"时曖曖其曭莽",表日月昏暗无光,来证明"黨"有"不鲜"的含义。《说文》里这个昏暗的本义我们暂且不表,单说"黨"字很早便有人群聚落的意义,这就是"乡黨"中的"黨"了(古人说一万二千五百家为乡,五百家为黨,"乡黨"常连用,后来就专门表示同乡友人了)。

"黨"由聚落义发展出亲族、同类、同伴许多意义，进而基本上专用来表示官僚中为私利联合在一起的团体，也就是"结黨营私"的"黨"了。这样说起来，"朋黨"中的"朋"也正暗合了"同门为朋"这个训释。因为古代文官政治，新老官员很多是所谓的老师与门生的关系。

上面之所以都写成了繁体的"黨"，是为了与"党"相区别。因为"党"字古已有之，在古代"黨""党"是两个字。"党"是个不常用的字，专用来表示姓，以及少数民族的"党项"。因为两个字同音，且"党"字的用处极少，古人就有把"黨"写作"党"的情况，今天的简化字方案，就把"黨"与"党"并为一字了。

说了有趣的"党"，还没有说本篇主人公"朋"的字形，是否跟"同门"的意义有关系呢？这也是个很有趣的话题。传统上有两种不同的观点：《说文》认为"朋"字是"凤"字的古文，字形作 ，是个象形字，许慎说："凤飞，群鸟从以万数，故以为朋党字。"也就是说，"朋党"是从百鸟朝凤这样的意义引申出来的。另一种观点，"朋"的本义是上古用贝壳做货币的计算单位，有说两贝为一朋的，有说五贝为一朋的，有说十贝为一朋的（大概是五贝串成一串，两串为一朋），这种观点在古文字中得到了印证，甲骨文中的"朋"作 ，字形很形象。如果这样的话，"朋"能产生朋友义或者是假借，或者是由多个贝壳在一起这种意象的引申。

比起"朋"来,"友"字就纯洁得多了。所谓"同志曰友",关键在于这个"志"字。"志"的字形是由"心"和"之"组成,小篆作𢗍,《说文》:"意也。从'心'（𢖩）,'之'（𡳿）声。""之"有去往某地的意义,所以也有人把"志"分析为会意字,说:"志,心之所之也。"就是说"志"是内心所向往、追求的。所以"同志"这个词,志同而道合,是有着高尚的情意在里面的。

"友"的字形也很容易懂,"又"象形一般表示手,"友"的字形就是两个手,小篆作𦥑,非常生动。两手相握,更表达出一种发自内心的亲近。握手在今天是一种常见的礼节,古人没有这种礼节,握手大概只发生在好朋友之间,所谓"携手同行"就是志同道合的好友了。

这样比较起来,"友"与"朋",就有了高下之分。可以说,"朋"更多取决于外在环境,关乎政治和社会关系;"友"则是发自内心的,是情意的交流,甚至结交怎样的友都关乎个人的品质和修养。孔子所说的"无友不如己者"、著名的"孟母三迁"的故事都说明古人对待交友的谨慎。而管宁的"割席分坐"更是极端。这个故事出自《世说新语》:

> 管宁、华歆共园中锄菜,见地有片金,管挥锄与瓦石不异,华捉而掷去之。又尝同席读书,有乘轩冕过门者,宁读如故,歆废书出看。宁割席分坐,曰:"子非吾友也。"

一句"子非吾友也",多么理直气壮。大概面对华歆,管宁心里是有那么一些优越感的,他亲身实践了孔夫子"无友不如己者"这句话。

不过,人们早对孔子的这句话颇有疑惑:如果我要找一个比自己水平高的人交友,那么之于对方,我就是"不如己者"了,对方就不会答应跟我交友了。这样一来,就只有水平相当的人才能互相交友了。所以,有人主张这个"如"应该是"相似"的"如","不如己者"不能解释成比不上自己的人,而要解释成和自己不同类的人。

这样说似乎更加合乎情理,但或许孔子他老人家的本意并不在这里,或许在我们眼里的某些胜过我们的人,在他们眼里,我们亦胜过他们。各取所长,择善从之,才是交友的正道。

反"正"为"乏"

说起"正"的反义词,我们通常情况下会想到"反""误""偏"等,或者更容易想到"负",因为"正能量"这个词近来颇流行,与之相反的就是"负能量"了。不过,《左传》里有句话——"故文,反'正'为'乏'",是说从文字上来看,"正"的反面是"乏"。这看起来似乎很奇怪,但细究起来,还真是如此。

《说文》:"正,是也。从止,一以止。"(小篆字形作䇂)"一以止"这句话很难懂,徐锴在《说文解字系传》里进一步解释说:"守一以止也。""守一"是道家的术语,老子讲道生一,一生二,二生三,三生万物,"守一"就是守住道生出来的那个"一"了,只有守住本初的一,才能不被纷繁的万物所困扰,修得正果。电影《手机》的主角名叫严守一,也是用了这个典故。大概因为后世道教讲"守一"为静功,所以徐锴说"守一以止也"。不过,段玉裁的《说文解字注》里不同意这种说法,他引了江沅的话"一所以止之也"。就是说"一"就是用来表示禁止的,他还举了两个字例"毋"和"乍",说明"一"有禁止之义。"毋"字小篆作🔲,《说文》:"止之也";"乍"字小篆作🔲,《说文》:"止也。一曰:亡也。"两字都有止的意思,都包含了"一",所以段玉裁说"一"就是用来表示禁止的。其实,段玉裁的解释就是不再把"一"当成一个字,而是当成一个符号了,这个"一",就如同今天常见的"禁止停车""禁止吸烟"之类标志牌上的那条大大的斜杠。

不过说起来,禁止(或者静止)义跟"正"字的"是也"义又有什么关系呢?至少还是雾里看花,隔着一层。若从古文字上的材料来看,"正"的本义应该是出行。"正"字甲骨文中有🔲、🔲等字形,下面的"止"(🔲)象足形,往往表示行走,出行有一个目标,用一个圈或点来表示,也就是后来的"一"了。表出行的"正"就是"远征"中"征"的意义了。我们今天常见的"征"字往往表示征讨、征伐,但其实"征"的本义只是出行,比如屈原《九歌·湘君》中有"驾飞龙兮北征,邅吾道兮洞庭",李白《上留田行》诗中"桓山之禽别离苦,欲去回翔不能征",里面的"征"都是出行的意思。

于是可以这样推断,"正"的本义是出行,后来假借表示正当、正直的意义了。那么,这个出行义就添加一个表示行走的部首"彳",用"征"字来表示了。当然,也可以不说"正"字表正当义是假借,因为"正"中的"止"是正对着目标,也可以由此引申出正对、不偏之类的意义。

"乏"在《说文》中紧跟着"正"字，解释是："《春秋传》曰：'反正为乏。'"这里只是引用了《左传》里的话，并没有正面给出释义，显得不大专业。段玉裁在《说文解字注》里给许慎圆场说："此说字形，而义在其中矣，不正则为匮乏。"我们看了两个字的小篆字形就会明白，原来"乏"（𡗡）的写法就是把"正"（𤴓）字翻转过来，也就是把"正"字水平旋转180度，如同"司"与"后"。而跟"司"与"后"不同的是，"乏"与"正"的意义是相反的——"不正则为匮乏。"

是不是觉得这句话看起来有些别扭呢？我猜测，看着别扭大概有两方面的原因：其一，不正就会匮乏吗？从古到今，历朝历代，不都有很多人通过不正当的手段满足了自己吗？这似乎不符合事实。其二，就算不正必然导致匮乏，也应该是"正则丰满，不正则匮乏"，即"反'正'为'不正'，反'丰满'为'匮乏'"。"正"与"不正"相对，同为因；"丰满"与"匮乏"相对，同为果。把"正"与"乏"相对，是不符合逻辑的。

不过，对于我们可爱的古人来说，这两方面质疑应该都不成问题。搞中西比较的人常说，西方人重逻辑，中国人重感悟；西方人重体系，中国人重实用。我们的祖先造字时，要表达匮乏的概念，大概也难以找出个形象的写法。也许他刚好看到了"正"字，或听人说到"正"字，突然灵机一动：把"正"给翻过来，就是不正，不正嘛，就会匮乏了。好了，就这么办，于是"乏"

字就诞生了。其他人看了，觉得挺好，于是"乏"字就固定了下来。虽然如此造字在逻辑上有所欠缺，也不符合系统，但却有那么一丝难以言说的妙处，这一丝妙处，也正是因为它不合逻辑的跳跃和不循系统的任性。说起来，中国传统的文学和艺术，其好处也正在这灵机一动的跳跃和任性上，所谓意在言外，境由心生，说的就是这个。

更重要的是，在古人的理念中，"不正则为匮乏"，于事实也是天经地义、无可辩驳的。这个"正"字可以说是中国传统道德的灵魂，在修身、立业方面都有着非常重要的意义。今天的古装电视剧中若出现衙门里的牌匾，匾上若有四个大字，绝对是"正大光明"。"正"字居于首位。季康子问政于孔子，孔子对曰："政者，正也。子帅以正，孰敢不正？""政治"的"政"字其实就来自于"正"字啊！今天我们俗语说"身正不怕影子歪""行得正，坐得直"，等等，则是从个人修身上来说的。总之，行为要端正，要走正路。若行为邪佞，必遭人唾弃；若误入歧途，迟早会吃亏，这也是今天的父母常教育子女的。所以说，反正为乏，在中国人的理念里是一以贯之的，虽然现实中不乏反例，但这依然是我们不变的道德理想。

我们再看《左传》中"反正为乏"的出处，记载的故事是这样的：

潞国是晋国的北邻，春秋时代是狄人的方国。潞国的权臣酆舒主政时，杀了潞国的夫人，还伤了国君的眼睛。潞国的夫人是晋侯的姐姐，消息传到晋国，晋侯大怒，要讨伐潞国。他召集大夫商讨，大夫们却纷纷劝阻晋侯，他们说："酆舒的才能过人，我们讨伐潞国未必能胜，不如等以后其他人执政了再去讨伐。"这时，有个大夫伯宗站起来反对大家的意见，他历数酆舒的五大罪过，说："天反时为灾，地反物为妖，民反德为乱，乱则妖灾生。故文，反正为乏。尽在狄矣。"

天违反时令就是灾难，地违反物性就是妖异，人违反道德就是祸乱，有了祸乱就有妖异和灾难。这个议论可不得了，是把人世的治乱与天地的变异联系起来，上升到客观规律了。上古时人多有此类议论，也对此深信不疑，这种我们今天称之为迷信的观念在他们眼中就是现实。

伯宗还反驳了诸大夫"待后之人"的建议，他说："后之人或者将敬奉德义，以事神人，而申固其命，若之何待之？不讨有罪，曰'将待后'，后有辞而讨焉，毋乃不可乎？"（"有辞"，就是有理的意思，潞国后人若有理，我们就没有理由讨伐他了。）就是说，后人有可能不再"反正"，而是敬奉德义，那样的话，其实力就会得到巩固了。到那个时候我们若再去讨伐的话，不仅没有理由，更是难以得胜了。

晋侯听了伯宗这一番话，支持了他的主张，出兵讨伐潞国，最终大获全胜，杀了酆舒，灭了潞国。

这个故事恐怕并不是伯宗一番话那么简单，背后还隐藏着现实政治的因素：晋侯要灭潞国应是蓄意已久。两国临界，百年来互有征战，被杀的晋侯的姐姐也是之前和亲的牺牲品。大夫们劝阻晋侯也不是出于胆小，他们大都了解征战之苦，知道酆舒的厉害，害怕劳民伤财。但毕竟消灭潞国是晋侯最终的理想，也是解决问题的最好办法，伯宗这番话正合晋侯的意愿，所以被写入史书。不管怎样，这个故事至少说明，若违反了道德原则"正"（酆舒），至少会给别人攻击自己的理由，那样的话，可能离"乏"就真的不远了。

和为贵

和，可以说是中国人处世思想的一个重要原则。自古以来各种春风化雨般的倡导，从《论语》中的"礼之用，和为贵"，到如今的"和谐社会"，已将这样一个理念深深植入中国人的骨髓中。不过，对于这个习以为常的"和"字，我们或许并不真正了解它原初的积极意义。

晚清历史上有位名人叫作翁同龢，他名字里的"龢"字看起来很复杂，其实它不仅跟"和"字同音，意义上也有着极为密切的关系。

《说文》："龢，调也。从'龠'（音yuè），'禾'声。读与'和'同。""龢"是个形声字，其部首"龠"，就是乐器，《说文》："龠，乐之竹管，三孔，以和众声也。从'品''侖'。侖，理也。""侖"的简体写作"仑"，就是"伦理"的"伦"。许慎对"龠"字的分析有些矛盾，一方面，他用竹管的三孔来解说其字形，显然认为"龠"字是象形字了；

但另一方面,他又把"龢"分解为会意字,以"品"(品级)和"侖"(伦理)会意。字形的解说虽有矛盾,但其旨归是一致的,不管象形还是会意,重点都在于调和之义。

下面我们再看"和"字,《说文》:"和,相应也。从'口','禾'声。""和"也是个形声字,本义是声相应,显然也是调和之义。这样看起来,"和"与"龢"意思就是一样的了。两个字,一个从"口",一个从"龠",好比一个是声乐,一个是器乐,只是表现方式不同而已。大概因着更简单而易写,"和"字就渐渐占了优势,成了常用字,而"龢"字一般就比较少用了。

除了这两个字形之外,《说文》里还有个更不常见的"盉"字。《说文》:"盉,调味也。从'皿','禾'声。"调味,显然也是调和之义了,只不过不是声乐和器乐,而是舌尖上的感受了。这么个调和之义,有这些不同字形来表达,其关键和受重视的程度也可见一斑。

"和"的意义是调和,但不是简单的混合。虽然"合"与"和"语音相同,但却是两个不同的概念。两者的区别,就好比我们化学里的两个术语:混合与化合。"合"只是简单的混合,而"和"则是化合,是互相作用,产生了积极的因素。

古人强调"和"的价值,是在与另一个相对的概念——"同"的比较中凸现出来的。孔子说:"君子和而不同,小人同而不和。"是后人常引用的名言。关于"和"与"同"的区别,

《左传》中所载晏子与齐景公的对话,就说得非常详细。齐景公去沛地打猎,因为不符合先君的制度,遭到掌管山泽的官员的抗命,心中有些耿耿。打猎回来后,梁丘据赶来拜望,讨得景公的欢喜,之后就有了下面景公与晏子的这段对话:

公曰:"唯据(即梁丘据)与我和夫!"

晏子对曰:"据亦同也,焉得为和?"

公曰:"和与同异乎?"

对曰:"异。和如羹焉,水、火、醯、醢、盐、梅,以烹鱼肉,燀之以薪,宰夫和之,齐之以味,济其不及,以泄其过。君子食之,以平其心。君臣亦然。君所谓可而有否焉,臣献其否,以成其可;君所谓否而有可焉,臣献其可,以去其否,是以政平而不干,民无争心。……今据不然。君所谓可,据亦曰可;君所谓否,据亦曰否。若以水济水,谁能食之?若琴瑟之专壹,谁能听之?同之不可也如是。"

晏子以羹食与音乐类比(正是上面的"盉""龢"二字),说明"和"是不同口味、不同乐音的协调。在君臣之间,就是不同意见的协调:一件事,君认为可行但有不可行之处的,臣应该指出,以避免犯错;君认为不可行而有办法实行的,臣也可以提出办法,以促其可行。梁丘据则不然,君说可行,他就说可行;君说不可行,他也说不可行,这就是"同"了。就好比把水和水合在一起,做不出羹来,谁愿意吃?让琴瑟只奏出一种声音,谁愿意听?所以"同"是行不通的。

这个观点,在《国语》里记载的史伯的话中表达得更鲜明而有力,那就是:"和实生物,同则不继。"今天世界上所倡导的生物多样性观念其实就已经包含在我们春秋时期的古人所说的这句话里了,只有保持事物的多样性,自然环境才能有可持续的发展。也只有包容不同的声音,尊重不同的意见,国家和社会才能有可持续的发展。

这是古人所讲的"和"的本初含义,是非常积极的层面。但是,在历史的发展中,人们对和的理解却转向了另一层面,《论语》中的"礼之用,和为贵",其全文是这样的:

> 有子曰:"礼之用,和为贵。先王之道,斯为美,小大由之。有所不行,知和而和,不以礼节之,亦不可行也。"

这是孔子的弟子有子说的话,主要站在管理者的角度。他说:礼的用处,就在于调和,这是先王行事之道最可宝贵的地方,小事大事要遵从这个原则。但是也有行不通的时候(就是无法调和的时候了),那样就不能只为了调和而调和,不以礼(即规矩)来节制,也是不可行的。

礼的目标是为了社会稳定,而和则是实现这一目标的重要手段。这个和,理论上应该是照顾、平衡有冲突的各方的利益,达到令各方都满意的结果。但很多时候，也很可能是通过敷衍或误导的策略让受损失的一方放弃争取或感到平衡，人们常说的"和稀泥"大抵就是指这个了。这样的和就明显消极了，但这样的和在中国历史上实在是层出不穷，甚至于更为权术者所重视，成了多数人真心信服的处世思想的主流。

管理者所理解的和，渐成了和稀泥式的敷衍和误导；普通人所理解的和，也渐成了无原则的妥协和忍让。如此，和的原本的那一层真精神也就渐渐地被淡化了。

"礼之用，和为贵"这句话，放在其原本语境中并没有问题，但作为一个警句，被单独抽出并不断强化，最终就达成了另一种效果。人们会渐渐认为，礼所规定的就代表了和，就是最好的了。如此，人们的思想就会被礼的规定所限制，心安理得地信奉并遵守，从而也就丧失了改良与革新的能力，最终反而走上了"同"的道路。

容忍与自由

容忍是中国人极为看重的处世哲学,容忍的教诲在五经之一的《尚书》中就已出现:"必有忍,其乃有济;有容,德乃大。"这也是林则徐那句著名的"海纳百川,有容乃大"的原始出处。从《尚书》的话中我们可以看出,"容"与"忍"两个字若分开来讲,意义是有所区别的,下面我们就聊一聊这"容""忍"二字。

《说文》:"容,盛也。从'宀''谷'。"这里的"盛"应读chéng,训盛受,就是包容的意思。"宀"表房屋,"谷"表山谷,徐铉注:"屋与谷,皆所以盛受也。"屋子与山谷,都是能用来盛受外物的。需要提一下,今天的"谷"字主要有山谷和农作物两种意义,对应着古代的两个字,"谷"表山谷,"穀"表农作物。"谷"字小篆作👤,《说文》:"泉出通川为谷,从'水'半见,出于'口'。""穀"字,《说文》:"续也。百穀之总名。从'禾','𣪊(音què)'声。"两字的形义都是很明确的。现代汉字简化时，把"穀"字简化成了同音的"谷"字，两个字就变成一个字了。我们要注意，读繁体的古书时，不能把"谷"字理解为农作物。

屋子能包容很好理解，至于山谷，似乎就有些超出我们平常的经验：虽然形状上很形象，但似乎一般不会联想到。其实不然。我们熟悉的一个成语"虚怀若谷"，说的就是心胸开阔，如同那山谷一般。山谷是古人很喜爱的一个意象，空旷、沉静，能容纳水流顺利通过而毫无滞碍。这正符合老子无为而治的精神，所以老子形容"古之善为道者"，会说"旷兮其若谷"了。

"容"的本义是包容，而常用的容貌义，则是出自假借。容貌义的本字是"頌"，《说文》："頌，皃也（'皃'即'貌'字）。从'页'，'公'声。""頌"字的本义就是容貌，其部首"页"表示头部，正与容貌相关。"容"字本跟容貌毫无关系，只因上古时期读音跟"頌"字相同，就假借来表示容貌了。而"頌"字，则专职去代表那更高尚的风姿：《诗经》的文体有风、雅、颂三种，这个"颂"，《诗大序》中解释说："颂者，美盛德之形容，以其成功告于神明者也。"大抵就相当于今天所说的"歌颂"的"颂"了。

回到主题上来，"容"字重在于包容、容纳，而所容纳的虽是不同的东西，往往也是正面的、有其可取之处的。这是一种主动、积极的行为，其过程其实就是我们前面所说的"和"。经历了容，主体的收获必然更多，视野必然更开阔，心境则更趋于平和，这就是《尚书》中所说的"有容，德乃大"了。与之相比，"忍"字则不同。

《说文》："忍，能也。从'心'，'刃'声。"这里的"能"应读nài，训耐，表忍耐义。段玉裁《说文解字注》中说："凡敢于行曰能，今俗所谓能干也；敢于止亦曰能，今俗所谓能耐也。'能''耐'本一字，俗殊其音。""能"和"耐"最初是一个字，都写作"能"。"耐"只相当于"能"的意义的一个方面，表示能承受，相对被动。后来读音发生分化，就用"耐"字来表示能承受之义了。"耐"是被动的承受，但也包含了积极的意义在里面，今天常说"耐力"，就是一个积极的例子。

不管是不是积极，"忍"所面对的大都是不那么好的事情，大都不是人们所希望的、所愿意接受的。面对上天的不测，就得忍饥挨饿；面对强权的不公，就得忍气吞声；面对敌人的欺凌，就得忍辱负重。总之，大都是迫不得已而采取的行动罢了。忍的目的是为了保全自身，有时只是一时的敷衍，有时则是顾全大局的等待。所谓"小不忍则乱大谋"，通过一时的隐忍而等待时机，获得最终的胜利，也是人们常用的策略。这正是《尚书》中所说的"必能忍，其乃有济（'济'即成功）"之意。

跟容相比，忍的对象往往是不正当的，人们也常常会有不能忍受的爆发，这个时候，就会喊出那句来自孔夫子的名言："是可忍，孰不可忍！"

这句话出自《论语·八佾（音yì）》："孔子谓季氏：'八佾舞于庭，是可忍也，孰不可忍也！'"这个季氏确指何人，前人尚有不同意见。季氏是鲁国显赫的氏族，孔子时代其宗主季平子、季桓子、季康子历任鲁国正卿（相当于后世的宰相），把持国政。古时贵族的乐舞是有礼制规格的。舞者八人排成一行，称为一佾，八佾就是八行，共六十四人。这是最高规格的乐舞，只有天子才能用，诸侯、大夫则分别用六佾和四佾。季氏本应用四佾，却用了八佾，明显是一种僭越行为了。春秋末期，诸侯无视天子已成风气，各国国君往往僭越天子的礼节。作为卿大夫的季氏，也僭越了天子的礼节，可见他已经不把国君放在眼里了。所以孔子会说："（国君）这都能忍受（而不惩治），还有什么不能忍受的呢？"

孔子的这句话，前人还有另一种解读，就是从季氏的角度说："这种事情都能忍心（做出来），还有什么事情不忍心去做呢？"也就是说季氏已经到了肆无忌惮、为所欲为的程度了。这就涉及"忍"字的另一层意思，就是忍心的"忍"了。忍心的"忍"引申自忍受的"忍"，只不过是改变了对象而已。接受外界施与自己的不公待遇，是忍受；接受自己施与外界的不公待遇，就是忍心了。若忍心到了极致，就是残忍了。

"容""忍"虽意义不同，但也有着联系，既然容是要包含不同的东西，其中难免就有矛盾，有不合人意之处，这就需要忍了，通过忍而最终达到容，也是一种成功。但是这种忍，只应限于对合理的、善的忍，而不是无原则地对不公正的、恶的忍。

胡适先生有一篇文章《容忍与自由》，文中提到史学家布尔说过的一句话："我年纪越大，越感觉到容忍比自由更重要。"令他感触深刻。由此他进而提出："没有容忍，就没有自由。"胡适先生是从人与人之间相互关系的角度谈的，即"我们要想别人容忍谅解我们的见解，我们必须先养成能够容忍谅解别人的见解的度量。"这显然是不刊之论。若仅就个人角度来说，容忍亦是达成自由的一条道路，所容忍者越多，自身的收获也越多，进步也越大，必然更接近随心而不逾矩的境界。蔡元培先生曾说过的"思想自由，兼容并包"，大抵也是这个意思。

"三不朽"

古人有"三不朽"之说,所谓"太上立德,其次立功,其次立言"也。这"三不朽",一直是中国传统士人所追求的人生的终极价值。

"三不朽"之说,出自《左传·襄公二十四年》。鲁国大夫叔孙豹(穆叔)到晋国去,晋卿士匄(音gài,士匄即范宣子)去迎接他,相见以后,士匄问了个问题:"古人有言曰'死而不朽',何谓也?"叔孙豹没有回答他。士匄又说:"昔匄之祖,自虞以上为陶唐氏,在夏为御龙氏,在商为豕韦氏,在周为唐杜氏,晋主夏盟为范氏,其是之谓乎?"叔孙豹不以为然,说:"以豹所闻,此之谓世禄,非不朽也。鲁有先大夫曰臧文仲,既没,其言立,其是之谓乎!豹闻之,'太上有立德,其次有立功,其次有立言',虽久不废,此之谓三不朽。若夫保姓受氏,以守宗祊,世不绝祀,无国无之,禄之大者,不可谓不朽。"

士匄家世显赫,在晋国位列上卿,他问叔孙豹什么是"死而不朽",显然是要引起话题宣扬一下自家的优越感。叔孙豹显然也明白这一点,所以开始他并没有搭茬。这样,士匄难免有些无趣,但他还是忍不住把这层优越感说了出来,即从虞、夏直至春秋,士匄的家族都是名门大姓,绵延不绝,正所谓"世不绝祀"。没想到,叔孙豹听了以后,并没有顺着士匄的意思应承,而是表示了反对,认为他的家族只能算"世禄",不能称为"不朽",同时就说出了这个影响了中国两千余年的著名的"三不朽"。

人类总要面对死亡,如何战胜死亡是人类一直努力探索的课题,实践起来大体有两方面:一方面,是长生不死的尝试,这本是很积极的,但因着难以实现,并不被大多数人的理性经验所认可;另一方面,就是将自己的血脉、精神、思想传承下去,士匄家族的"世不绝祀"显然是被大多数人接受和追求的典范,这也是中国传统的社会组织以家庭、父子为本位的原因。但是,人们难免还有更高的精神层面的追求,就生出这所谓的"三不朽"了。下面我们就从字义与应用的角度聊聊这"德""功""言"三个字。

《说文》:"德,升也。从'彳','悳'声。""升也"二字很让人摸不着头脑,徐锴在《说文解字系传》里解释说"升闻曰德",引用了《尚书》中的话"玄德升闻",说的是舜的品德被尧帝所闻知,"升"就是"上"的意思,"升闻"就是"上闻"。古人常用"上闻"这个词,表示被上级(常指帝王)

所闻知。如此,《说文》中的"升也",或许是"升闻也"的简写,或许是漏掉了"闻"字。徐锴的解释虽很贴切,但仍难令所有人信服。段玉裁在《说文解字注》中提出,"升"就是"登",而"登"表示"得"的意思,他的论证颇显复杂而迂曲,此不详述,其目的大概就是在不推翻许慎的前提下,证明"德"字的本义就是"得"而已。"德"与"得"读音相同,字形也比较接近。《说文》:"得,行有所得也。从'彳','䙷'声。"许慎认为"德"和"得"都是形声字,我们不妨比较一下它们的声符。"悳",《说文》:"外得于人,内得于己也。从'直',从'心'。""䙷"又写作"䚂",《说文》:"取也,从'见',从'寸'。"(从更早的字形来看,"䙷"的上部不是"见【見】"字,而是"贝【貝】"字,如甲骨文 , 金文 。)这样看两个字的解释就清楚多了,很显然,"悳"与"䙷(䚂)"都表示得到的意思,只不过"悳"更抽象,表示内心的所得,所以从"心";而"䙷(䚂)"则更形象,所以从"寸(手)"而已。"德""得"的本义也应跟"悳""䙷(䚂)"相对应,这样它们的关系就理顺了。

"德"本表内心之所得,内心所得越多,就越充实、丰富,越有智慧、才能,越能明辨是非,这些表现出来的就是我们所谓的"品德"了。所以好的品德并不是那么容易达到的,需要很高的修养和不断的完善。而能达到"立德"程度的不朽,更是要超越一般的好品德的。对于《左传》中"太上有立德"这句话,孔颖达在《春秋左传正义》中解释说:"立德谓创制垂法,博施济众。"要成为后人的垂范,要最广泛地帮助众人,这样的"德"才能不朽。

"功"字,《说文》:"以劳定国也。从'力',从'工','工'亦声。"这个"功",可不是我们今天理解的一般意义上的功劳,而是关系到国家安危的最大的功劳,用个成语来说明就是"丰功伟绩"了。所以,"立功"能不朽,也就顺理成章了。孔颖达对"其次有立功"的解释是:"立功谓拯厄除难,功济于时。"也是这样的意思。

"立功"的意义足够现实,也足够刺激,更足以彰显男性的气概,所以古代男子常有去战场建功立业的志向,即使是熟读经典的文人,也不能抵挡这种欲望。我们熟悉的班超投笔从戎的故事就是个生动的体现,而大词人辛弃疾也曾数次上战场杀敌,虽屡遭权臣压迫,一生都未放弃抗金复国的愿望。虽如此,在正统的观念中,"立功"之价值仍不及"立德"。《论语》中记载:"子谓《韶》:'尽美矣,又尽善也。'谓《武》:'尽美矣,未尽善也。'"就昭示了这一点。《韶》是舜时的乐曲名,《武》是周武王时的乐曲名。在孔子眼里,《武》不及《韶》,正因为舜是以德服人,而武王则是以战功得天下,其差距正在于"未尽善也"。中国文化自古以来就反对战争和强权,而崇尚德治。虽然武王推翻商纣的战争也是世人所公认的正义之战,但相比于以德服人,还是差一等的。

下面说"言"字。《说文》："言，直言曰言，论难曰语。从'口'，'辛'声。"（小篆作"䇂"，隶定后发展成了楷书的字形。）"直言曰言，论难曰语"的说法出自《诗经》毛传，意思是直接说出的话叫作"言"，而议论问答的话叫作"语"。这句话主要区别"言""语"两字在用法上的分工，而《说文》引用这句话，目的还是要表达两者意义相近，用"语"来解释"言"而已。

"言"就是话，而说出来的话是可以令人不朽的。上古的史官有左史和右史，《汉书》中称其分工是"左史记言，右史记事"。君王与大臣的言论会被记载下来。本文开头所讲的叔孙豹与士匄的对话就是被记载下来的"言"。但若要达到"不朽"，也不是一般的"言"，孔颖达说："立言谓言得其要，理足可传。"叔孙豹所说的"鲁有先大夫曰臧文仲，既没，其言立"，就是这样。臧文仲是一个很有作为的鲁国大夫，史书中记载了他许多事迹，而他的话也有流传，比如"禹、汤罪己，其兴也悖焉；桀、纣罪人，其亡也忽焉"，在后世多被人引用。

若非王公权臣，"立言"也能实现，最主要的实现方式就是著书立说了，而这也是读书人的专长所在。虽然后世制度将读书与考试做官联接了起来，但著书立说的理想依然在读书人的心中占据着举足轻重的地位。魏文帝曹丕在他著名的《典论·论文》中说："盖文章，经国之大业，不朽之盛事。年寿有时而尽，荣乐止乎其身，二者必至之常期，未若文章之无穷。是以古之作者，寄身于翰墨，见意于篇籍，不假良史之辞，不托飞驰之势，而声名自传于后。"这显然是发挥了"不朽"之义，对文章的评价可谓臻于至极了。"立德""立功"可名载史册，而"立言"，甚至不需"良史之辞"，即可靠一己之力而传之后世。

当然在古时，受条件的限制，"立言"也并非易事，而历史长河的淘汰与选择，也让很多人的著作湮没无闻。今日互联网大发展，任何人都可以让自己的文章传播，都有机会得到认同和追捧，但有多少能达到"立言"的水准、能在后世流传，也很难说了。

鬼神崇拜

站在唯物主义的立场来看，人类在其生活的现实世界之外，还创造了一个复杂深刻的幻想世界。那个幻想世界与现实世界密切相关，是现实心理需求的反映，我们今天要讨论的"神"与"鬼"，就是那个幻想世界中的重要成员。鬼神崇拜自古至今都一直存在，而神与鬼的本质不同，可以用古人的一句话来概括，那就是"天神曰神，人神曰鬼"。

《说文》："神，天神。引出万物者也。从'示''申'。"在许慎看来，"神"是一个会意字，其意义由"示"和"申"组合而成。"示"字小篆作Ⅲ，《说文》："示，天垂象，见吉凶，所以示人也。从'二'（古文'上'字）；三垂，日月星也。"这里对字形的解说未必符合其最初面目：甲骨文中的"示"字（T、T等），研究者普遍认为是象形字，表示祭祀时所使用的神主、木表之类的道具。不过，用"示"做偏旁的字往往跟天地神明、宗教祭祀有关，是没有问题的。

"神"以"示"做部首容易理解，但为何从"申"就不那么好说了。段玉裁《说文解字注》中就不同意许慎的观点，认为"神"只是个以"申"为声符的形声字，这或许更加简明合理而容易被人接受。后来，古文字材料的丰富可以让人们做出新的解释："神"字的金文有单写作"申"形的（ ），而"申"是个象形字，象雷电之形，人们在其上添加"雨"旁，写作"電"，就专表雷电的"电"。人类早期对自然现象怀有敬畏，认为天地万物都有主宰的神明。雷电这种剧烈的天象更体现出上天的威力，容易引起人们的联想。于是人们可能就在"申"字上添加了"示"旁，造出"神"字，表示天上的神明。

　　回到许慎，许慎认为"申"字表义，是有他的道理的。许慎把"申"字解释为引申，即"引出万物"，按照许慎的意思，这个"神"的所指就相当于造物主了。人类有了抽象思维后，对世界的起源抱有浓厚的好奇心，这也是与存在感密切相关的心理需求。了解我们自身及我们所拥有的一切是从哪里来的，才会对现状及未来感到真实和有希望吧。世界各民族往往都有创世神话，其中最著名的莫过于《圣经》中的七天了，而我们熟知的中国创世神话，就是盘古开天辟地了。

　　中国的开辟神是盘古，他跟西方的上帝的区别，在于只开辟而不主宰。盘古开天辟地后，自己就死了，但死了的盘古并未消失，他的身体化作万物，又发挥了创造之功，有了永恒的价值。古人最有文学性的记载是："气成风云，声为雷霆，左眼为日，右眼为月,四肢五体为四极五岳,血液为江河,筋脉为地里,肌肉为田土,发髭为星辰,皮毛为草木,齿骨为金石,精髓为珠玉,汗流为雨泽,身之诸虫,因风所感,化为黎甿。"(《绎史》卷一引《五运历年纪》)真是气势磅礴啊!与上帝相比,盘古显得更加伟大和无私,这样的幻想也符合古人的思维,即天人合一。

神可造物,故凡天地万物都可有神,日有日神,月有月神,风有风神,雷有雷神。古时还有人将天地两分,"天神曰神,地神曰祇"。不过这个分类并不大常用,一般都不论天地,只统称为"神",或"神祇"。神可造物,于是传说中远古时代的发明者也成了从天而降、不同于凡人的神,比如发明火的燧人氏、尝百草的神农氏、造字的仓颉,等等。有了各种不平庸的神,人们的生活才有秩序,才有进步,才有未来。

神是天所生,鬼则是人所变化了。"鬼"字小篆作鬼,《说文》:"鬼,人所归为鬼。从'人',象鬼头。鬼阴气贼害,从'厶'。"许慎这里采用了声训的方式,以音近的"归"字来解释"鬼"字,这个说法在当时应该很流行。《礼记》中说得更清楚:"众生必死,死必归土,此之谓鬼。"死亡是人必须要面对的,但却往往令人难以释怀,若死并不是完全的消灭,而是化作另一种存在,这肯定会让人们心里踏实些,于无可奈何中更能够接受一些。不仅在亲友故去后有个念想,自己的未来也算有个着落。所以人类各民族往往都有死后世界的种种幻想。

上古时期的鬼,都是正面的形象。鬼就是逝去的族人,而且大都是长辈,所以它们离人并不远,也不可怕。鬼本来就是年长的人,处世经验丰富,死后则距离神近了一些,又增添人所不具备的神通,所以它们能够护佑人,为人提供生活的建议。鬼在上古的地位相当高,往往与神并列,它们都是要被敬重的,敬事鬼神则有赐福,怠慢鬼神就会招致祸患。

我们在《"三教"之得失》中说过,"三教"大致对应着历史发展中的三个阶段,鬼神崇拜是第二个阶段,对应的是"敬",到了第三个阶段,儒家礼法逐渐建立,所对应的就转为"文"了。这时候,鬼神崇拜并未被推倒,而是被赋予了新的品质。《左传》中宫之奇的话,就生动体现了这一点。晋国两次借道虞国去攻打虢国,虞国国君都答应了。虞国大夫宫之奇在晋国第二次借道时极力劝谏国君,说唇亡齿寒,晋国若灭掉虢国,必然会殃及虞国,两人争论了起来。虞君说:"我的供奉丰盛而洁净,鬼神必然保佑我。"宫之奇反驳道:"我听人说的是,'鬼神非人实亲,惟德是依'。"也就是说鬼神保不保佑你,并不看你的供奉好坏,而是看你的品德。后来晋国攻陷了虢国,也顺路把虞国灭掉了。宫之奇的话应验了,虞君的供奉没起到作用。

鬼神"惟德是依",这话在今天看起来确实更合情理,鬼神虽神通广大,但也不能不问青红皂白,这样一来,鬼神的形象也显得更加正义了。但其实,以当时的历史背景,这相当于把传统鬼神崇拜的重要性给取消了——只要我的品德好,鬼神就高兴,就保佑我,那我岂不是就不需要再劳民伤财地去祭祀了,遇事也不用再去求神问卜了,只要按照合乎道德的方式去做就好了。——这真是个巧妙的策略,新思想并没有硬生生地反对和抵制旧思想,而是旧瓶装新酒,在尊重传统的基础上注入了新的内容,从而使得新思想更加深入人心。

随着儒家新思想成为主流,鬼神崇拜的重要性自然就下降了。离开了严肃的正轨,猎奇的心理就渐成优势,人们的关注点也渐渐由鬼的睿智与慈悲,转移到鬼的怨气上来。毕竟死是一件不好的事,若寿终正寝,心平气和,还可安心于九泉之下;若有未竟的心愿郁结于心,或是遭遇不幸而夭折,甚至被人谋害抱有莫大的冤屈,这样的鬼恐怕就要施展些非常的法力,来报复和加害生人了。《左传》里已经出现了"厉鬼",到了许慎所处的东汉末年,鬼的主流就基本成了这不好的一类了,所以许慎会说:"鬼阴气贼害,从'厶'(即'私'字)。"其实"鬼"字里面的这个"厶"很可能只是整个象形的一部分,而非表义。甲骨文中的"鬼"字字形没有"厶"的部分,如 ⚇、⚇ 等。

不过,即使是怨鬼、厉鬼,一般也不会去伤害好人,所以人们才常说"不做亏心事,不怕鬼叫门"。这句话也体现了"惟德是依"的思想是多么深入人心。

成仙之路

中国神话中除了神、鬼之外，还有一类特殊的角色，那就是"仙"了。仙是介乎神、鬼之间的存在：仙是人所变化，来源同于鬼，但仙并没有死，而是长生，其于天地间通行无阻，气质则更接近于神。有趣的是，"仙"字在古时有两种不同的写法，其字义与字形之间的联系，生动地昭示出不同凡俗的趣味和意蕴。

"仙"字在早期有个常见写法"僊"。这两个字形间并不是我们通常所谓的繁、简体的关系——关于汉字的繁简有广义和狭义两种观念：我们通常所说是狭义的，就是称现代实行汉字简化方案后的字体为简体字（其实若追根溯源，这些字的形体很多也来自古时的简化写法）；广义的繁简则对应整个历史，汉字的发展本就有不断简化的趋势，从便于使用的角度来看，这是客观的必然。

我们先说"僊"字。《说文》："僊，长生僊去。从'人'，从'䙴'，'䙴'亦声。"这个"䙴"（qiān）字，字形上有些复杂的纠葛，就不具体讨论了，简单说来就相当于"遷"字了（简体作"迁"）。《说文》中"遷"的释义是"登也"，就是高升的意思；而通常"遷"则表示迁移。这两个意义用来解释"僊"都相当得体：成仙的标志即是飞升，从此高人一等，这是《说文》释义的主旨；若理解为迁移，成仙了也就是脱离凡俗的状态，从凡世迁到仙境去了。

传说中有个萧史弄玉的故事，就是飞仙的典型。萧史善吹箫，以吹出鸾凤之音闻名于世。秦穆公有个女儿弄玉，也爱吹箫，秦穆公就把弄玉许配给了萧史。婚后萧史教弄玉吹鸾凤之音，两人夫唱妇随，非常和谐，引得凤凰飞来，在其屋顶上流连不舍。见此情状，秦穆公又为夫妻修造了一座凤台。于是两人就专在凤台之上，不饮不食，潜心修炼。数年后的一日，萧史乘龙，弄玉乘凤，双双飞仙而去。

《说文》中并未收"仙"字，但有个跟它极为相似的字——"仚"，把左边的"人"移到了上面。《说文》："仚，人在山上。"这个解释从逻辑上说并没有跟仙人的意义建立起必然的联系，在山上的不一定就是仙人，可能还有居民、樵夫、游客，等等。不过，我们若比较一下汉代的另一部训诂名著《释名》中对"仙"字的解释，就可看出两者的关系。《释名》："老而不死曰仙。仙，迁也，迁入山也。"这里也用"迁"来解释"仙"，不过这个"迁"就明确表示迁移，而不是飞升，迁移的终点也不是天上，而是山中，这似乎又是另一番境界了：这样的"仙"还在人间,并不是那么遥不可及呢!由此再看《说文》中的"仚"字,字形相近,释义也没什么分歧,读音又与"仙"相同,就是"仙"字了。"仚"字在文献中几乎没有什么用例,只在《说文》《玉篇》等字书中有所收录而已。

"僊"是较古的字,"仙"字则稍晚;早期"僊"字用得多,后来就以"仙"字为主了。"仙"相对于"僊"逐渐占了优势,我想主要原因还是"仙"的字形简单,更便于书写而已。但同时也不能否认,仙人活动在山中的观念恐怕也是深入人心的。仙人不同于凡人,修仙也需要一个不同凡俗的场所。山高高在上,更接近于天;山中云雾环绕,树木葱茏,百兽出没,全本于自然;山中人迹罕至,又增添了几分神秘——这样的地方显然就是极佳的修仙场所了。即使成仙之后去到仙境,也很可能还是居住在山上,传说中的西王母住在昆仑山上,而海中的蓬莱仙山则更是盛名远播的浪漫之都了。

另外,仙人活动于山中还有一个很重要的原因,那就是仙人多从事炼丹,或者药草采集,这些取材与制作往往都只在山中进行。这样说起来,仙人似乎跟道士差不了多少。其实,中国传统中仙人和道教本就是密不可分的。理论上说,仙人都是得道的人,而道士则是尚未成功的仙人候选人。

《说文》中"僊"和《释名》中"仙"的释义,有一个重要的相似点,就是都把长生不死列在最前面,作为"仙"的最基本特征。也许比之于飞升或居住在山中,长生不死才是仙人最重要的标签。

上文我们提到，神话是人类创造的幻想世界，跟人类的现实需求密切相关。古往今来，死亡都是人们所恐惧的，长寿则是人们所追求的，而长生不死是长寿的极限，肯定是最理想的状态了。古时有《神仙传》，对早期仙人的记载，那真是长寿的盛筵了。我们熟悉的彭祖，相传是颛顼的玄孙，到了殷末已经七百六十七岁了。而汉代的孟岐，则年可七百岁，说起周初的事，如在眼前。更有甚者，有个叫黄安的人，看起来有八十多岁，但眼神还特别好，跟童子一般。这个黄安常骑一只龟，有人问他这龟多大年岁了，他说：当初伏羲开始造网捕猎时，得到了这龟，他把龟送给了我。这龟害怕见到日月光，两千年才露一次头。我已经看到它露五次头了。于是人们就称黄安为"安万岁"。看了这个故事，是不是有人会暗自喟叹：古人吹牛的本事也相当了得啊！

当然最了不起的，还要数道家的始祖老子了，《神仙传》里是这样记载的：

> 或云：上三皇时为玄中法师，下三皇时为金阙帝君，伏羲时为郁华子，神农时为九灵老子，祝融时为广寿子，黄帝时为广成子，颛顼时为赤精子，帝喾时为禄图子，尧时为务成子，舜时为尹寿子，夏禹时为真行子，殷汤时为锡则子，文王时为文邑先生。

这真是让人无话可说了。

这一篇写到这里该收笔了,意犹未尽,就赠送一个炼丹求仙的有趣的小故事,作为仙、山、道、长生的注脚吧(出自《太平广记》卷二引《神仙传》):

吴人魏伯阳,家境甚好,但性好道术,他放弃了家业,带了三个弟子去山里制作仙丹。

终于有一日,仙丹炼成,大家都非常高兴,想快些服用,得道升仙。这时魏伯阳犹豫了一下,说:"丹虽炼成,但不知效果如何,不如我们先给狗吃了试一试吧。"

没想到狗吃了仙丹,立刻就死了。

魏伯阳很沮丧地说:"唉,炼丹的时候总担心炼不成。今日终于炼成,却把狗给吃死了,大概是这丹还不合天意吧!这样的话,人吃了恐怕也会死,怎么办呢?"

弟子们面面相觑,不知该怎么回答。有个弟子很聪明,就问魏伯阳:"先生您还想不想吃呢?"

魏伯阳说:"我放弃凡俗的生活,投身山林,就为了得道升仙。若不能成功,也没有脸面再回去了。想必这也是天意,我就吃了吧。"

说完他就吞下仙丹,也死了。

三个弟子更加惊骇,呆立良久,其中一个弟子说:"我们的师父可不是常人,就算他吃了仙丹死了,肯定也有他的道理。干脆我也吃了吧。"

说完他也吞下仙丹,也死了。

另外两个弟子实在受不了了,抱怨着说:"我们来炼丹,不是为了求长生吗?这个丹可倒好,吃了就死了。不吃它,至少还可以多活那么几十年呢!"

两人没有吃仙丹,一起下山回到了乡里,去找木匠给魏伯阳和死了的弟子置办棺木去了。

他们走后,魏伯阳就跳了起来,救活了死去的弟子和狗。他们三个就一起升仙了。

记忆

探寻历史脉络

忆

夏,中国之人也。从夊,从页,从臼。臼,两手;夊,两足也。夓,古文夏。

——《说文解字·夊部·夏》

三代之大

正统与统一

五等爵位

"封建"的古与今

姓、名、字

氏与宗族

门当户对

谈"婚"论"嫁"

三代之大

三代，夏、商、周也。其中"商"又称作"殷"。而"夏""殷""周"三个字，在古人的训诂中都有"大"的意义。

我们先说"夏"字。"夏"的小篆字形作🈳，《说文》："中国之人也。""夏"是一个象形字，与"人"的造字原理是一致的，只是字形复杂得多，"頁"（🈳）表示头与身，"臼"（🈳）表示两手，"夂"（🈳）表示两腿，非常形象。许慎所谓"中国"，跟我们现在所说的"中国"意义不同，专指中原地区的国家，居民以汉族为主，其经济文化则领先于周边的少数民族政权。所以段玉裁在《说文解字注》中进一步解释说：中国之人，"以别于北方狄，东北貉，南方蛮闽，西方羌，西南僬侥，东方夷也。""夏"由"中国之人"的意义演变为"中国"，就是"华夏"的"夏"了。

有趣的是，《说文》里还有两个字形与"夏"颇为相似的字:"夒"()和"夔"()。"夒"(读náo)即李白《蜀道难》中"猿猱欲度愁攀援"的"猱",就是大猿猴的意思。而"夔"(读kuí),《说文》解释为"神魖也,如龙,一足",是古代传说中的一种神兽。这两个字与"夏"如此相似,不免令人怀疑"夏"的本义或许也并非指人,也可能是一种类似人的兽。这种兽如同"夒""夔"般体形很大,所以"夏"就有了"大"义。后来,有个部落以此兽为图腾,并在中原地区建立了"夏国","夏"字才引申出"中国之人"的意义。不过我这个推测并没有什么证据,只能暂且称为臆说罢。

《诗经·秦风》中有首《权舆》,是个破落户写的诗,诗中有句"夏屋渠渠,今也每食无余"。"夏屋"就是大屋的意思,而"渠渠"叠音,也是强调高大的样子。破落户念叨着:"曾经能盖那么大的屋子,如今每顿饭都没有富余,唉,生活真是不如从前了!""夏屋"在当时或许是个常用词,形容相当气派的屋子,而"高楼大厦"的"厦"字正是以"夏"做声符,或许就来自"夏屋"了。"夏"的大义到了汉代就已不再使用,所以给《诗经》作注的毛公要特意说:"夏,大也。"而扬雄则把这个意义归为方言,在其所作的《方言》一书中说:"自关而西,秦晋之间,凡物之壮大者而爱伟之谓之夏。"其言"壮大",正与"夏屋"的意象相合了。

"殷"字在《说文》的解释是"作乐之盛称殷",是说"殷"的本义是形容音乐的盛大。如此,则"殷"本就有盛大义。其实自古至今,"殷"的常用义并没超出这个范围。《周礼》《礼记》中都提到"殷祭"(或为"殷奠"),是指盛大的祭祀。"殷"又有众多义,古时天子召见诸侯有"会""同"之称,所谓"时见曰会,殷见曰同",时见就是按时觐见,殷见则是会合众多诸侯。人数众多,也可以说是盛大的集会了。

我们今天还常见的词语"殷实""殷切""殷勤",里面的"殷"字归根结底都来自这个盛义。盛大则多则厚,家底厚实就是"殷实"了,而情意深厚就是"殷切""殷勤"了。"殷勤"在今天的感情色彩经常是贬义,说"献殷勤",就是说为了某种目的违心地去巴结讨好他人,很为人所不屑。而在古代"殷勤"则大都是正面色彩,表示情意深厚,如《孝经援神契》中说:"母之于子也,鞠养殷勤,推燥居湿,绝少分甘。"是说母亲对子女的情意。而李商隐《无题》诗:"蓬山此去无多路,青鸟殷勤为探看。"则是诗人对爱人的情意了。

商朝称"殷",是因为其都城叫作"殷"。《尚书》中说"盘庚迁于殷",所以有人说:"商人称'殷'自盘庚始,自此以前惟称'商',自盘庚迁都之后,于是'殷''商'兼称,或只称'殷'尔。"不过,当时商王盘庚要迁往的都城能叫作"殷",大概正因为其地理位置好,风调雨顺,故而人丁兴旺,百业发达,正应了"殷"的盛大义吧。这个殷都,就是今天的河南安阳,也就是发现殷墟甲骨文的地方。

"周"字有大义,"嗟我怀人,置彼周行","周行"就是大路的意思。"周"字，在《说文》的解释是"密也"，就是"周密"的"周"了。字形"从用、口"，以"用""口"二字会意，与周密义有什么关联，许慎没有再细说，我们也不甚明了。段玉裁解释为"善用其口则密，不密者皆由于口"，大概也只能是这样了。

甲骨文可辨识的"周"字形作田，与小篆字形（周）的差别甚大。有人认为甲骨文中的"周"字是在"田"字里面画四个点，表示在"田"里种上作物。周朝的始祖居于周原，在平原上耕作，正与这样的字义相关。有人说这个"周"字表示治玉，即在玉上刻画图案。这种说法的依据是《说文》"玉"部有"琱"字，义"治玉也"（即在玉上雕刻，后来假借"雕"字表示），"琱"字所表示的很可能就是"周"字的本义。这两种说法都有道理，也都可以跟"周密"义联系上——田地里作物排列可称周密，在玉上刻画纹理也要小心周密。

周密则无所不至，就是"周全""周到""周遍"的"周"了。《周易·系辞》里有句话："知周乎万物，而道济天下。"这个"周"，就是"周遍"的意思。而无所不至从另一个角度来说，也就是无所不包了，就是大了，而且这一大，就大了去了，没边儿了。我们很熟悉《诗经》中的一句："溥天之下，莫非王土"，周王朝的这个"周"字，就很有这"溥天之下"的味道了。

"夏""殷""周"三字所具有的大义，性质并不相同。

"夏"的大义是独立的,在文献中最为明确;而"殷""周"的大义则不那么直观,是附着在相近的可联想的意义中的。"殷"的大义附着在繁盛与众多义中,而"周"的大义出现极少,也可以解释为周遍,如上面所说"周行"表示"大路",恐怕并不一定指路有多宽阔,而是说这路四通八达,能去到很远的地方吧。于是,我们可以说:"夏"之大是壮大,"殷"之大是盛大,"周"之大是广大。

正统与统一

大概很多人都听过甚至用过"大一统"这个说法，不过"大一统"的本义恐怕就鲜为人知了。这里面不光"大"作为动词使用，超出了我们平常的习惯；更有甚者，"统"字本身所具有的不同意涵，也大大增加了误解的概率。

《说文》："统，纪也。从'糸'，'充'声。""统"是一个形声字，字形很简单，不过《说文》中的释义也很简略，以至于会让人一时摸不着头脑。为了弄明白"统"字，就必须要联系到"纪"字了。《说文》"纪，丝别也"，紧跟在"统"字之后，表明了两者的密切关系。段玉裁《说文解字注》认为这里的"丝别"应是"别丝"，"别丝"就是抽丝。蚕丝本是一团黏着在一起的乱丝，古人发明了治丝的方法，就是把丝团从蚕茧里剥出，放在热水中煮，待脱去黏着的丝胶后，找出蚕丝的一端，将蚕丝抽出理顺。"统"和"纪"就是蚕丝的一端。段玉裁认为"统""纪"虽同为丝的一端，但还有些区别，"一丝必有其首,别之是为'纪';众丝皆得其首,是为'统'。""统"是众丝之首,就相当于把整理好的一组丝在端上扎个结,束在一起。《淮南子·泰族训》中有一句话,可以作为"统""纪"本义的注解:"茧之性为丝,然非得女工煮以热汤而抽其统纪,则不能成丝。"看了这句话,我们对于"统""纪"的理解想必就会生动起来了。

"统"字的本义后世基本不再使用,而由其引申出来的抽象意义则大行其道。一方面,着眼于治丝的过程,即变混乱为整齐,"统"就有了治理义,这就是"统治"中的"统"了。另一方面,着眼于治丝的结果,把一束丝整理好扎在一起,就有了规范、总领的效果,这就是"系统""统一"中的"统"了。此外,更特殊的是,作为丝的一端,"统"字又引申出起始、发源的意义,这个起始义古人用得比较抽象,可以指某种历史沿承的思想,也可以指某类历史沿承的行为规范等,这就是我们常说的"传统"中的"统"了。

说了这些,就可以说说"大一统"了。"大"字用作动词,表示"以之为大",也就是发扬、推崇的意思,"统"则是起始、传统,"大一统",就是推崇某一种起始、传统了。这个说法最早见于《公羊传·隐公元年》的开篇,《春秋》经云,"元年春王正月",《公羊传》里是这样解释的:

"元年"者何?君之始年也。"春"者何?岁之始也。"王"者孰谓?谓文王也。曷为先言"王"而后言"正月"?王正月也。何言乎"王正月"?大一统也。

"元年"是国君在位的起始之年;"春"是一年的起始;"王"是指周文王,为什么先说"王"后说"正月",因为这个"正月"是周文王规定的正月。——古代历法有"三正",就是夏商周三种不同历法中规定的正月,夏朝历法中的正月跟今天的阴历是一致的;商朝历法中的正月则提前一个月,相当于今天阴历的十二月;周朝历法中的正月再提前一个月,就相当于今天阴历的十一月了,这三种正月称为"三正"。《春秋》中所说"王正月"指的是周文王规定的正月,也就是周朝的正月。——为什么要说"王正月"呢?因为正月有三个传统,这里说明周文王的传统,就是专门推崇这一个传统了。

《公羊传》所言"大一统"中的"统"字,古人注疏都解释为"始",是很一致的。而《春秋》的开端,还被公羊学家称为"五始",胡安国《春秋传》里是这样说的:"元者气之始,春者四时之始,王者受命之始,正月者政教之始,即位者一国之始。"

《公羊传》所言"大一统"中的"统",是指周朝的历法,扩而大之,则是指周朝的礼法、规范。仔细想来,其实这个"统"字的起始义并不是一种独立的意义,而是依托在其实际所指(即某种思想、规范)里面的。而这个起始义又不可或缺,其价值在于表明其实际所指是一种历史悠久的、自有来源的东西，中国思想一向崇古，于古有征才有值得尊重的合法性。可以说，这个"统"字用今天的"传统"一词来对译是相当贴切的。

《公羊传》"大一统"的理论，在汉代的公羊学家、历史上鼎鼎大名的董仲舒那里，得到了充分的发扬。他在《春秋繁露》中提出了"三统"说，其理论来源即是"三正"与《春秋》开篇的"大一统"，主要内容就是凡改朝换代的王者，"必改正朔（即改正月）、易服色、制礼乐、一统于天下，所以明易姓，非继人，通以己受之于天也。"以服色命名，"三统"依次为黑统、白统、赤统，礼仪制度也都有相应的不同。改朝换代的王者，并不是随意选择推崇一统，而是要顺延前朝，按着"三统"的顺序依次循环。这个理论除了满足改朝换代的需求，似乎没什么实际用处，但其内在哲学顺应了天道循环往复的规律：王朝更迭，"三统"代序，就如同四季之循环，是自然规律，这实际上是明确了没有千秋万代的王朝，改朝换代是历史的必然。

但是，在思想文化领域，"大一统"理论就不那么积极了，董仲舒在答汉武帝的《天人三策》中是这样说的：

> 《春秋》大一统者，天地之常经，古今之通谊也。今师异道，人异论，百家殊方，意不同，是以上亡以持一统，法制数变，下不知所守。臣愚以为诸不在六艺之科孔子之术者，皆绝其道，勿使并进。邪辟之说灭息，然后统纪可一而

法度可明，民知所从矣。

看到这里，大家可能会想到著名的"罢黜百家，独尊儒术"了，没错，董仲舒的意思就是要废黜各家学说，"皆绝其道"，而所大一统的，就是"六艺之科孔子之术"了，这一统，就成了中国历史两千年来的正统。这里董仲舒所言的"大一统"依然是推崇某一种传统之义，但其推崇的方式，是罢黜绝灭其他的传统，这就与上面的"三统"循环说不一致了。若是不这样极端而激进，给各种思想文化传统留有空间，即使像循环说那样轮流发展，互有兴替，我们的历史也会更丰富，文化也会更具有发展的活力，而"大一统"，或许也不会被误解成"大统一"了。

五等爵位

《白虎通》是东汉大儒班固撰写的一部非常著名的经学会议报告,其开篇便论爵位。爵位在封建等级体系中有着重要的意义。

古者爵有五等,就是我们今天熟知的公、侯、伯、子、男了。这五等爵位,有人说夏朝已有;有人说商朝有三等(公、侯、伯),周朝始备。大概后者比较可信。又有人为折中两种说法,提出文质之分,说夏、周尚文,法五行(金、木、水、火、土),定爵为五等;商朝尚质,法三光(日、月、星),定爵为三等,这就比较玄虚了:三光尚分大小,可论高低;而五行互有相克,爵位之五等,下等如何能克上等呢?

五等爵位,自上而下,各有等差。《公羊传》:"天子三公称公,王者之后称公,其余大国称侯,小者称伯子男也。"各等爵位都有相应的封地,《礼记·王制》说:"公侯田方百里,伯七十里,子男五十里。"《周礼·大司徒》云:"诸公之地,封疆方五百里。""诸侯之地，封疆方四百里。""诸伯之地，封疆方三百里。""诸子之地，封疆方二百里。""诸男之地，封疆方百里。"这些说法恐怕都只是理论上的，实际地方大小肯定未必如此。春秋时期各诸侯国的国君都有特定的爵位，除非因特殊情况被周天子升黜，则子孙相传，永不改变。秦代以后爵位名称渐渐繁多，不过权力降低，一般只享俸禄，不再封地建国了。瞿同祖的《中国封建社会》书中将《春秋》里出现所有关于诸侯爵位的称谓全部摘录，甚为清楚，本文下面的爵位列举，如宋公、齐侯之类，均取自该书。

五等爵位，公最尊贵。"公"字，《说文》里的解释是："平分也。从'八'，从'厶'。'八'犹背也。韩非曰：'背厶为公'。"也就是说，"公"是个会意字，"厶"即是"私"字，与"私"相背就是"公"了。今天我们常说的"大公无私"，就是这个意思。古人训诂里常释"公"为"平也""均也""正也"等，而"公平""公正"等词语在今天也依然是高频词汇。"公"字从古至今的基本意义和用法丝毫未变，可见公平、公正是勤劳勇敢的中国人几千年来的一贯诉求。

大概因着其美好的意义，"公"也成了天子之下最尊贵的爵位。《白虎通》解释公爵说："公者，通也，公正无私之意也。"古人常说"文武周公"，"文""武"指周文王和周武王，周公则是武王的弟弟姬旦，其采邑在周，称为"周公"。武王死后，周公辅佐年幼的成王，平定叛乱，分封诸侯，制定礼乐，完善制度，实行仁政，其德行和政绩倍受后人推崇，甚至常与三皇五帝并称。"周公吐哺"是个很有名的典故，讲周公礼贤下士，贤德之人常来拜访，为了不因怠慢而错过贤人，周公洗个头、吃顿饭的工夫都要多次停下来（"一沐三捉发，一饭三吐哺"），可见其心诚之至。所以曹操《短歌行》诗中会说："周公吐哺，天下归心。"

《春秋》中出现的公爵极少，只有周公和宋公。宋国是商朝之后，因"王者之后称公"，周天子发扬尊前朝之意，故宋国虽国土不大，国君也称公。

"侯"是上古最常见的爵位，春秋时各国的国君，侯爵最多。如齐侯、晋侯、卫侯、陈侯、蔡侯等。其实"诸侯"这个词，本来就是"诸位侯爵"的意思，是把"侯"当作五等爵位的统称的。而"王侯将相"这句熟语中，也是用"侯"来统称爵位。

"侯"，《说文》小篆作𠉜，解释是："春飨所射侯也。从'人'（𠂉），从'厂'（厂），象张布。矢（𠂌）在其下。"也就是说，"侯"的本义是射礼时张挂的箭靶。射礼是古人的一种重要仪式，《礼记》中说："古者诸侯之射也，必先行燕礼；卿大夫士之射也，必先行乡饮酒之礼。故燕礼者，所以明君臣之义也；乡饮酒之礼者，所以明长幼之序也。"由此可见射礼之隆重。古代贵族子弟从小要学习"六艺"，包括礼、乐、射、御、书、数，射即是其中之一。

举行射礼时,不同地位的人所用的靶子(也就是侯)是不同的,以表示身份等级。不同的侯,各家记载也不尽相同,比如《说文》中说:"天子射熊虎豹,服猛也。诸侯射熊豕虎。大夫射麋,麋,惑也。士射鹿豕,为田除害也。"《仪礼》中说:"凡侯,天子熊侯,白质;诸侯麋侯,赤质;大夫布侯,画以虎豹;士布侯,画以鹿豕。"《说文》中并没有明说箭靶的材料,《仪礼》中说的是天子用熊皮,诸侯用麋皮,大夫、士则用布,在布上画出野兽的图案。

"侯"从射礼中重要的道具引申为爵位的名称,也颇含郑重尊贵之义。不过,也有很多人认为"侯"字的箭靶义是从爵位义引申来的。如《礼记》中说:"故天子之大射,谓之'射侯'。射侯者,射为诸侯也。射中则得为诸侯,射不中则不得为诸侯。""侯"的本义是箭靶,从字形中可以明确看出,说从爵位义引申出箭靶义并不可信。但"射中则得为诸侯"的说法似乎也昭示了"侯"从箭靶义引申到爵位名称的线索,而且也能解释为何"侯"会作为爵位的统称了。至于郑玄给《周礼》作注说:"所射正谓之侯者,天子中之,则能服诸侯;诸侯以下中之,则得为诸侯。"王充《论衡》中说:"名布为侯,示射无道诸侯也。"就显得比较牵强了。

"伯"字的本义,《说文》曰"长也"。古人以年龄排位次有"伯、仲、叔、季"的顺序,"伯"字居首。由年长义引申为受人尊重的爵位的名称,是顺理成章的。春秋时的伯爵也很多,如郑伯、秦伯、曹伯、薛伯、祭伯等。值得注意的是，古人训诂中常说"伯"字与"霸"字相通。如我们熟悉的"春秋五霸"，有的古书中就写成"五伯"，这种情况以《汉书》为最多。其实，说"伯"与"霸"相通，是后代的视角。原本"伯"字从爵位义引申出霸主、称霸义，是很自然的，春秋之初最活跃的郑国和后来强大的秦国国君也都是伯爵。而"霸"在月部，本义是每个月初时所见的月亮。"霸"能假借表示霸主、称霸这一类意义，或许正是因为与"伯"字读音相近。

子是较低的爵位了，这个名称晚起，大概是从伯爵生发出来的。"伯"是长者，其下再继续封爵，就可取后生晚辈之义了。《白虎通》说："子者，孳也，孳孳无已也。"就有封爵传位，生生不息的意思了。"子"是一个象形字，《说文》小篆作♀，象小儿大头、两腿相并形，本义就是婴儿、孩子。上古时"子"常用作对人的尊称，如孔子、孟子、老子、庄子等，"诸子百家"中的"诸子"，其构词与"诸侯"是一个原理，就是"诸位先生"的意思。作为尊称的"子"与表爵位的"子"或许是有些关系的，既含有尊敬义，又不显得太过尊贵，用于称呼没有爵位的贤者，应该是很恰当的。

子爵在《春秋》记载中也有很多，如莒子、邾子、谭子、鄫子、顿子等，都是弱小诸侯国的国君。还有些是被降爵的，如滕子，滕本为侯，后降爵称子；单子，单本是伯，后降爵称子。楚国是个偏远大国，自号为王，但《春秋》中凡楚王都称作楚子。

另外，诸侯国的嗣子未即位前也称"子"。如宋国国君本应称"公"，但《春秋》僖公九年葵丘之会中却称作"宋子"，《左传》解释说："宋桓公卒。未葬而襄公（桓公之嗣子）会诸侯，故曰'子'。凡在丧，王曰'小童'，公侯曰'子'。"杨伯峻《春秋左传注》中对《左传》之例有异议，说："春秋之例，旧君死，新君立，不管已葬未葬，当年称子，逾年称爵。"

男爵，就是最低等的了。"男"是个会意字，《说文》的解释是："从田从力，言男用力于田也。"就是说，男人是在田里出力气的，所以用"田"和"力"会意。"用力于田"，或许未必是亲身耕作，也可以是指挥管理，但也可以暗示"男"作为一个爵位，其地位之低下了。《白虎通》说："男者，任也。"取前人所言"任功立业"之义，"任功立业"倒是好话，但用"任（肩负义）"字作解，也暗含着些许辛苦卑微之意了。"子""男"同有后代男孩之义，男爵的得名应与子爵相似，都从伯爵生发而来，表后生晚辈之爵位。而"男"字又含有"用力于田"的内容，所以男爵地位较子爵尤低。春秋时期诸侯国君男爵甚少，只有极弱小的许国国君被称作"许男"见于经传。

上面说了五等爵位，可能有朋友还不了解"爵"字的由来。最后，就说一下"爵"字吧。"爵"的本义是饮酒的器具，是飨宴中的礼器。小篆作🕮，《说文》："礼器也。象爵之形，中有鬯酒（🕮），又（🕮，象手形），持之也。"朱骏声在《说文通训定声》中引旧说："古人行爵有尊卑贵贱，故引申为爵禄。"也就是说，在飨宴行酒时要有尊卑次序，所以就用"爵"字来表示有等级的禄位了。"爵"字从酒器演变成尊贵的禄位，可见中国的酒文化确实源远流长。而且，上古时的饮酒往往都是在重大场合，是具有重要的政治意义和象征意义的。

"封建"的古与今

在过去许多年里,"封建"成了一个定性的标签,中国两千多年的帝王专制时代被称为"封建社会"写进了教科书,而一切传统的守旧的阶级和思想都可以被简单地冠以"封建"二字。"封建"成了一个兼容并包的垃圾桶,成了一个显赫的负面标签。同时,对上述观点的异议与讨论,也早已不是新鲜的话题。这篇文章我们从汉字出发,说说"封""建"两个字的含义,以及"封建"一词在历史上的意义。

"封"字小篆作𦥑,《说文》:"封,爵诸侯之土也。从'之'(㞢),从'土'。从'寸'(㣆),守其制度也。公侯百里,伯七十里,子男五十里。㞢,古文'封'省。𦈢,籀文从丰。"许慎认为"封"字是个会意字:"之"字有去往、到某地之义,"从之,从土"就是"到(天子分给的)那片土地上"。"寸"表示制度,具体说来就是土地的大小规模,即"公侯百里,伯七十里,子男五十里"了。诸侯封地的大小,在不同典籍里的记录并不相同,我在《五等爵位》里详细地说明了这一点。《说文》里对"封"的字形解释可谓圆融,但古文字研究中的观点却与其不同,甲骨文"封"字写作 ✱、✱ 等,一般解释为培土种植树木,实际上其字形跟《说文》中所谓"古文'封'省"的字形相对应。后来又添加了手形,如金文 ✱,就和我们熟悉的"封"字形比较接近了。如此,"封"的字形表示的就是以手培土,种植树木。

虽然以种植树木来划定边界,是一种方法,但跟边界有关的"封"字在前人的训释中却从未见与树木相关,古人大都认为"封"是聚土为界。颜师古注《急就篇》:"封,谓聚土以为田之分界也。"《周礼》中有"沟封"之说,贾公彦注:"穿沟出土于岸,即皆为封。"这大概就是挖护城河,再用挖出来的土筑城墙了。此外,《说文》中还收录了"封"字的一个籀文字体 ✱,"之"字变成了"丰"字,段玉裁认为是"从土,丰声",这提醒我们:"封"字中的"之"有可能就是"丰"字的讹变,是用作声符的。

若再将"封"与"邦"字比较,我们会发现更多有趣之处。"邦"字小篆作 ✱,《说文》:"邦,国也。从'邑'('邑'做部首简写为右边的'阝'),'丰'声。✱,古文。"古人多以"邦"训"封","封""邦"不仅意义相近,读音也相近。因为上古没有轻唇音,"封"的声母今天读作f,在上古时还读作b,是与"邦"字相同的,两者韵母在上古也同属东部。我们仔细对比一下两字的字形，把《说文》中"封"的籀文与"邦"的小篆相比较，我们会发现它们不仅声符相同，字形结构也完全一致。若再看"邦"的古文字体，则会发现其声符"丰"竟然也变成了"之"形，由此可见，"封"字中的"之"也很可能就是"丰"字的讹变。

这样看来，"封""邦"或许本就是一个字的异体（有人认为两字同源），表示疆界。后来"邦"字专用来表示国家；而"封"字则转为动词，引申出划定边界，天子分封土地给诸侯等义，随着社会变迁，所封之物渐也由国土转为官爵禄位。

"封"字讲过，我们看"建"字。《说文》："建，立朝律也。从'聿'，从'廴'（读yǐn，即'引'，表延长之义）。"许慎认为"建"也是个会意字，"聿"即"律"，"廴"即"廷"（依段玉裁说），两字会意，就是朝廷的律法了。这样解释似乎很牵强，段玉裁有怀疑，但未明说："今谓凡竖立为建。许云'立朝律也'，此必古义，今未考出。""建"的字形很难解说，其本义应为"竖立"，而我们熟悉的"建树""建立"都是同义并列的造词。

因"聿"表示笔，我猜测"建"的本义似乎也很可能与笔有关。或许"建"相对于一般的"立"要更具体，所建之物有一定的标志性或重要性，要经过设计（比如"建造""建设"之"建"），或者要有所记录（比如"建议""建言"之"建"），而历法中把北斗星所指的方位称为"建"，也体现了标记的意义。所以"建"字要用"聿"表义。

所谓"封建",就是人们常说的"封土地,建诸侯"了。这是一种政治体制,在中国主要实行于周代。"封建"一词也出现得很早,《左传》中说:"昔周公吊二叔之不咸,故封建亲戚,以蕃屏周。"这里面的"二叔"前人有不同意见,一说是指夏、商王族的后代;一说是指管、蔡二叔。管、蔡二叔是周武王的弟弟,武王死后,管、蔡二叔受商纣之子武庚挑拨拉拢而作乱。"不咸"是不长久的意思。如《左传》所说,周公封建诸侯是历史的形势使然。

封建制度在当时的历史背景下自有其优越性,其一,如《左传》所说,诸侯国可以作为屏障,居于四周,护佑周王朝的中央核心。其二,诸侯国自治的效率高,可以因地制宜,随时调整,这对于国土面积达到前所未有的辽阔的周王朝来说,大概是能维持其运转的最好办法了。而封建制的弊端也很明显,那就是诸侯国各自为政,中央容易失控。所以要封建亲戚,并实行嫡长子继承制,以保持血统纯正和尊卑有序,如此才能各居其位,相安无事。

即使封建亲戚,又加之宗法制度,封建制的弊端还是日渐显现并占据了上风,周王朝经历了春秋时代的名存实亡,到了战国时代,终于分崩离析。这也证明了封建制之无法长久,所以,正如柳宗元《封建论》中所论:秦始皇统一中国后,"裂都会而为之郡邑,废侯卫而为之守宰,据天下之雄图,都六合之上游,摄制四海,运于掌握之内,此其所以为得也。"

封建制覆灭后的二千余年里,中央集权的郡县制一直是中国的主流。虽然过程中也有数次名义上或实质上的反复,但整体态势是中央集权一直处于不断完善和加强之中。中央集权也必然有其不利之处:一来不利于边境的防卫;二来经济运转和行政效率会有所降低;三来更易滋生腐败,因为地方首脑由公侯变成了官员,不仅不再世袭,而且不时迁换,以防尾大不掉,这样的官员对其所管辖的地区和民众缺少感情和责任,其关注点必然更倾向于表面的政绩和个人的利益;四来不利于社会变革,即使一个王朝已然腐朽,也得过上数年才能被推翻。但不管怎样,只有中央集权才能最大限度地保证国家的完整和稳定,这在统治者眼里毋庸置疑是第一位的。

"封建"一词在历史上出现得很早,而且封建制度也正实行于古人所崇尚的儒家政治的黄金时代,所以即使后代不再延续,在古人眼里"封建"也绝非一个贬义词,这从《说文》里郑重其事的解释也可见一斑。因着"封建"在中国历史中的意义和地位,很多人不同意将秦以后的中国社会称为封建社会,也是很有道理的。但"封建社会"这个新名词并非中国人自创,而是来自西方哲学家的理论体系。在这个体系中,判断社会性质的依据是生产关系,而封建社会的生产关系是地主和农民之间的关系,所以把秦以后的中国社会称为封建社会也是有其理论依据的(虽然中西社会的实际情况还有诸多差异)。也就是说,这一百年来我们所说的"封建",并非古人所说的"封建",这种区别并不是人常说的"广义与狭义"的区别,而是一个完全改头换面的存在。

姓、名、字

每个人都有姓名，姓名伴随着人的一生甚至更久，是人们身份的标记和价值的代言。姓、名的历史悠久，而古人不但有姓、名，还有字。今天我们就说说"姓""名""字"的意义、由来与功用。

"姓"，《说文》："人所生也。古之神圣，母感天而生子，故称天子。从'女'，从'生'，'生'亦声。《春秋传》曰：'天子因生以赐姓。'"在我们今天的历史常识中，人类早期是母系社会，子只知其母，不知其父，古人也发现了这一点。母系社会的证据保留在中国的神话传说中，就是《说文》所说的"母感天而生子"了。《诗经·大雅·生民》讲述周王朝始祖后稷的故事，其首章曰：

厥初生民，时维姜嫄。生民如何？克禋克祀，以弗无子。履帝武敏歆，攸介攸止，载震载夙。载生载育，时维后稷。

这段诗很古奥，翻译成现代汉语大体是：那最初的周人，是姜嫄（的儿子）。是如何生下来的呢？姜嫄能尽心祭祀供奉天帝，以去除不能生育（的疾患）。姜嫄踩在天帝的脚印上，就有了感应，又安睡休息了一阵，就怀孕、生育，产下的就是后稷。这就是"感天而生子"的典型案例。

母系社会本是一种较原始的社会形态，有母无父的观念更是绝不能容于后世的伦常。这一类传说保留了下来，人们就只能将其美化了。美化的结果便是：首先，其人并非无父，只是其父并非常人，而是上天，所以其人称为天子，那显然是极高等的了；第二，唯圣人方能如此。天子不是人人都能做的，恰好上古时代也只有圣人的传说能流传下来，所以用这样的逻辑来解释这样的事迹，真可谓天衣无缝了。这样的美化很容易被人接受，在后世也很有市场，帝王将相、英雄豪杰往往被传闻出生时母有托梦或天有异象，大体都与此相通。

许慎以"母感天而生子"来解释"姓"字，一来是要解释为什么以"女"做部首，二来也是要说明姓的起源相当高贵，是上天赐予的。早期只有天子贵族才有姓，贵族的姓往往都是天子赐予的。而"百姓"一词的诞生之初，也不是指一般人。《尚书·尧典》中歌颂尧帝的功绩，说："克明俊德，以亲九族。九族既睦，平章百姓。百姓昭明，协和万邦。黎民于变时雍。"这里的"百姓"古人解释为"百官",就是当时的贵族了。这段话层次严整,"九族"(天子的近亲)、"百姓""万邦""黎民"等而下之,相当鲜明。后来人人都有了姓,"百姓"不能再代表特权阶层,就和"黎民"同义了。

姓之所以有这样的地位,在于其有着伦理上的重要意义。《白虎通》里说:"人所以有姓者何?所以崇恩爱,厚亲亲,远禽兽,别婚姻也。故世别类,使生相爱,死相哀,同姓不得相娶,皆为重人伦也。"这段话说得相当明白而容易理解,我就不解释了。

"名"字,《说文》:"自命也。从'口',从'夕'。夕者,冥也,冥不相见,故以口自名。"这个解释很有趣,相当于描述了一个情景:夜晚,你遇见一个人,看不清是谁,问:"谁啊?"对方回答时,就要说出自己的名字。所以"名"字以"口"和"夕"来会意。《六书故》中还有另一层的解释:"按,《周官》:'中夏教茇舍辨号名之用,以辨军之夜事。'莫夜则旌旗徽识不可辨,故必谨其号名。"《周官》就是《周礼》,戴侗引用《周礼》中的话,想说的也许是"军之夜事"这样的情景更符合"名"字的来历。

今人对古文字的考证,认为"名"字上面"夕"就是"月"字,下面的"口"代表某种器物,月光照在上面,器物就明亮可见了。也就是说,"名"的本义就是"明",有明确之义,引申为对事物和人的命名。

名适用于万物，不为人类所独有，也不像姓那样有着伦理的意义，但名也恰恰正是完全属于个人的，是一个人表达自己、区别于他人的最本质的代表。如此说来，名的出现应该是比姓更早的。

再说"字"。《说文》："字，乳也。从'子'在'宀'下，'子'亦声。""字"的本义就是生子，所以字形是"子"在"宀"（表房屋）下。（"乳"的本义也是生子，《说文》："人及鸟生子曰'乳'，兽曰'产'。"所以用"乳"来解释"字"。）"字"表示生子的意义在今天看来已经非常陌生了，但是今天还在使用一个词"孳乳"，表示生育、衍生等意义，这里面的"孳"就相当于"字"字。

我们所熟悉的"字"的意义就是文字了。生子与文字这两个意义看起来毫不相干，其实是有关联的，关联在于"文"与"字"的区别。许慎在《说文解字叙》中明确地说："仓颉之初作书，盖依类象形，故谓之文；其后形声相益，即谓之字。文者，物象之本；字者，言孳乳而浸多也。""文"是通过象形等方式造出的最简单的字，"字"则是在"文"的基础上通过会意、形声等组合方式造出的复杂的字。所以有人说"独体为文，合体为字"。之所以用"字"字来表示复杂的字，就是因为"字"的意义是孳乳，通过文的不断繁衍而渐渐增多。正因为古人在文的基础上创造了字，汉字才能突破表达的界限，通过有限构件的组合，表现出世间万事万物的千姿百态。知道了"文"与

"字"的区别，再看许慎将其书命名为"说文解字"，才能理解其中的精妙之处："说"是说明，对应文；"解"是分析，对应字，那真是相当讲究的。

古人在姓名之外，还有字，这个字也应取自孳乳之义，也就是说字是在名的基础上的衍生。古人的字都与名相关，互相发明，《白虎通》中说："或旁其名为之字者，闻其名即知其字，闻字即知其名，若名赐字子贡，名鲤字伯鱼。"子贡是孔子的弟子，姓端木，名赐，字子贡。"赐"是赏赐，"贡"是贡献，两者相对；也有人认为"子贡"应是"子赣"，"赣"也是赏赐之义。伯鱼是孔子的儿子，据说孔子的儿子出生时，鲁昭公送给孔子鲤鱼庆祝，孔子就给儿子起名叫"鲤"，以"鱼"为字，称"伯鱼"，"伯"表示老大的意思。你要开玩笑，可以管孔子的儿子叫孔大鱼。

字应与名相关，是古人取字的法则。我们可以再观察几个人物，比如唐代三大诗人。李白，字太白，名与字都重复了，有传说李白出生时其母梦见太白金星，故以"白"为名。杜甫，字子美。"甫"的意义就是美男子，"子美"只是换了个说法而已。白居易字乐天，这个比较高级一些，都有出处。"居易"二字出于《中庸》："君子居易以俟命，小人行险以徼幸。"君子安于其所居，不存非分之想。"乐天"则出自《礼记》："不能安土，不能乐天。不能乐天，不能成其身。""安土"正是"居易"，"居易"方能"乐天"。古人字与名的关联是普遍的，观察其联系也是件有趣的事。有些人的名与字一时看不出联系,很可能是因为我们的知识范围没有达到而已。

字与名相关联,但不只是文字游戏,不只是名的简单并列,字是有其特别的功用的。古人并不是从小就有名有字,幼时只有名,到成人行了冠礼之后才能有字。(当然父母可以出生时就取了字,到子女成人后方使用,也可以成人时再取。)这样,字就是一个成年人方有的代号,是有尊贵意义的。古人寒暄时,对自己称名,若对方是晚辈也可以称名,若对方是平辈或长辈,则一定要称其字,以表示尊敬。

氏与宗族

氏在中国历史上的大部分时期跟姓的意义是一样的,并没有相对的独立性,但是在早期,氏却是一个跟姓有着明显区别的概念,这种区别要联系到封建与继承的制度,以及宗族的传统。这里我不妨围绕这个"氏"字,把这些关系说一说吧。

"氏",小篆作氏,《说文》:"氏,巴蜀山名岸胁之旁箸欲落堕者,曰氏。氏崩,闻数百里。象形,'乁'声。"许慎说巴蜀的方言里,把那种附着在山崖边上看起来要塌方的部分称作"氏"。氏若是崩塌了,声音可以传出百里(大概是说最远可以传出百里吧,听起来有些夸张)。《说文》的解释有文献证据,确实是"氏"字的一种意义,但似乎和我们所说的姓氏没什么关系。许慎也没有提及姓氏义,若实在想附会一下,也可以找到它们的联系,我们后面会说到。

段玉裁《说文解字注》认为"氏"字能表姓氏义是假借为"是"字。"姓者统于上者也,氏者别于下者也。是者,分别之词也。"姓与氏的区别在段氏这句话中体现得非常清楚。我们知道，中国早期并不是人人都有姓的，有姓的大都是被分封的诸侯贵族，一个姓通常也就代表统治着一国的贵族世家（不同诸侯国也有同姓的）。封建制下，天子分封诸侯，诸侯国的国君还会分封众弟，被分封的兄弟及其后代，在姓之外还可以有氏，以区别于其他的同姓亲属。所以说姓"统于上"，是一个大的概念；氏"别于下"，是一个小的概念。

这样看来，氏并不具备像姓那样完全的区别血统的意义，不同的氏在理论上还是不可以通婚的。春秋时齐国大夫崔武子有个家臣叫东郭偃，"崔"与"东郭"都是氏，两人不同氏。崔武子想娶东郭偃的姐姐，被拒绝了。东郭偃说："男女辨姓，今君出自丁，臣出自桓，不可。"丁是齐丁公，桓是齐桓公，都是姜姓。崔武子与东郭偃虽不同氏，却同为姜姓，不能通婚。

氏不及姓的意义重大，但在"崇恩爱，厚亲亲"方面，则有其独特的价值，若是结合"祖""宗"两个字来看，就会展示得更加明显。《说文》："祖，始庙也。从'示'，'且'声。""宗，尊祖庙也。（段玉裁认为应是'宗，尊也。祖庙也。''祖庙也'是解释具体的意义，'尊也'是从语音的角度解释得名的由来——'宗'与'尊'读音相近，'宗'就是尊崇。）从'宀'，从'示'。"从"示"的字一般都跟祭祀有关，"祖""宗"两个字也不例外。从许慎的解释中，我们可以看出"祖""宗"两个字的本义差不了多少，都是祭祀祖先的宗庙。而甲骨文研究的成果与《说文》在字形说解上有些不同,一般认为"祖"的本字就是"且",甲骨文作 ⊕、⊕ 等,是个象形字,有人认为是象宗庙之形,也有人认为是象祖先牌位之形。

"祖"与"宗"本义相近,一般情况也可通用,若相对比而言,则有所差别。祖就是始祖,是各支脉共同的祖先。而宗则是祖的继承,是不同的分支。理论上祖不一定是一姓之祖或一国之祖,在一个世系的树形结构图上,每个分支的节点都可以称作其下各分支的祖,其下各分支则都是其宗。而具体应用起来最有名的则是《礼记》中所说的"别子为祖,继别为宗"了。诸侯嗣子继承君位,众弟即是别子。别子也称公子,在国内受封采邑,任以官职,为卿大夫。别子的后世子孙都以其为祖,别子的继承人则为宗,其中嫡嫡相承的一支为大宗,旁出的众支则为小宗。大宗是世代相传的,而小宗五世之后则不继,其后人渐并于大宗,称为族人。

说了"别子为祖,继别为宗",我们就能理解为什么受封的诸侯、卿大夫会有氏了。因为其世代都稳定地继承封地,而在这个封地内绵延的宗族相比于其他同姓贵族不仅血缘更近,而且交往也更加密切,更具有认同感和凝聚力。氏可以说正是这种族群认同在名义上的表现,是有其存在的价值的。《白虎通》里说:"所以有氏者何?所以贵功德,贱伎力。或氏其官,或氏其事,闻其氏即可知,所以勉人为善也。"氏确实是很有家族荣誉感的存在。

氏的命名来源很复杂，有以封地名为氏的，有以官职名为氏的，有以父之字为氏的，等等。因为年代久远，加之氏的传承不如姓那样稳定，一个宗族可能会更换氏名，所以前人对于古时的氏名，也多有纠缠不清之处，这里就不细说了。

氏是封建制的产物，到了封建制的后期，政局动荡不定，贵族世袭和封地都大大动摇，氏的流传也就更加混乱起来了，一些没落的贵族则开始了以氏为姓。至秦始皇灭六国，建立了中央集权的帝国，封建制消亡，姓氏的意义混同了，以后不管称姓称氏，实际则都只相当于姓而已。

我们讲了氏的产生和消亡，再看上面《说文》里的本义，还能联系得上：姓仿似大山，氏之于姓，就如同附着于山崖周边的部分，时常崩塌下来，自立门户。这样说起来还真挺贴切的，不过姓氏的"氏"来源于山崖的"氏"可能性不大，倒是山崖的"氏"来自于姓氏的"氏"更有可能一些。首先，因为姓氏义起源甚早，且在中原地区通行；再者，甲骨文里所能辨认出的"氏"字，如 ㇉，就是段玉裁所说的假借为"是"的意义，而字形也跟山崖无关。至于甲骨文中"氏"的字形到底表示什么，至今还无定论。

门当户对

门当户对，可以说是中国传统婚嫁观的一个最基本条件。虽说在新社会中，这已被定性为错误的和不合时宜的，却仍然有着很大的市场。一方面，根深蒂固的传统，总会或多或少地影响着人们的评价，左右着人们的判断；另一方面，等级和权力不均依然存在，门当户对之于某些阶层仍然意味着现实的利益。所以，现代婚姻中的很多矛盾和冲突也因此产生。"门""户"两个字成了家庭地位和阶级的代言，恐怕是造字者最初没有想到的。

"门""户"的字形从古到今都很简单。"门"的繁体是"門"，小篆作門，是一个象形字。而"户"字，字形隶定时稍有变化，小篆作戶，其实就是半个"門"字。《说文》："户，护也。半门为户。"《玉篇》里的解释则更明白："一扉曰户，两扉曰门"。就是说，"门"是指有两扇的大门，而"户"则是只有一扇的小门。如此看来，"门"和"户"在造字时就暗含着差别和不平等了。可以形象地想见，权贵豪富之家恢宏气派，必然是高门大院。而平民百姓之家，矮墙土屋，大抵只有那一扇的小门了。还有的只是扎个篱笆门，就是诗中常说的"柴扉"了。今天住在楼房里的家庭，也都只有那一扇的"户"了。

"门""户"两个字用来表示家境出身时，也似乎包含着这层对立和差别在里面。我们看，"名门"这个词，比起"大户"来，其尊贵不知有多少倍。乡间的富人，即使家财万贯，建了高门大院，也只能被称为"大户"，算不得"名门"。而"门第""门阀""豪门"这些词，都曾被社会的上层所垄断。而跟大多数普通平民相关的，则只能用"户"了，如"农户""佃户""猎户"等。由此，我们再看"门当户对"这个词，不免叹服，真是既对应工整，又概括全面了。

上面所说的分别也有例外，比如"寒门"这个词里的"门"字就不能称为显贵了。不过，这个词语的产生，大概是在魏晋南北朝时代。当时选官实行九品中正制。具体的做法就是在各地区设置中正官，由中正官来品评人物，按照家世（家庭出身）、行状（品德操行）等条件来确定品级，作为授官的标准。品级的评定原则上以行状为主，但制度施行日久就变了味，完全以家世作为标准了，于是就形成了"上品无寒门，下品无士族"的局面。不过我们可以想见，这种品评肯定也不能覆盖所有人，不是普通百姓所能参与的，受评之人至少也是个有文化的读书人。而在当时，印刷术尚未发明，书籍是一种相当奢侈的消费。能读书掌握文化，就不是一般平民力所能及的事情了。所以这里所说的"寒门"也不是普通人家，大概也是一般的小地主或没落的贵族吧。

毕竟，这个社会里还是普通平民占了绝大多数，所以后来就用"户"字来表示家庭的概念了，一般都用于官方登记管理。"户"渐渐也不再表示最初的一扇门的意思了，今天我们只能在一些熟语，如"路不拾遗，夜不闭户""流水不腐，户枢不蠹"中，看到"户"字表示一扇门的痕迹。

门当户对是古往今来的婚嫁中的一个重要原则。注重血统的上古时期，诸侯或世子大婚，夫人必然是另一国诸侯的女儿。后来取消封建，定于一尊，皇帝选后，也必然要出身名门；王公贵族，也都在同一阶层内择偶。强强联合，既得利益者才能更长久地保持和巩固其家族地位。今天电视剧里常出现的男富二代被要求和女富二代结婚，而两者的父辈往往有生意往来，也是这个道理。

不过，门当户对也有例外，那就是所谓的"男才"与"女貌"了。今天很多女艺人嫁入豪门，几年前新兴起个名词叫"凤凰男"，都是这例外的表现。古代也有相似的现象，白居易《长恨歌》里写杨玉环入宫之后，"姊妹弟兄皆列土，可怜光彩生门户。遂令天下父母心，不重生男重生女"，就是美女嫁入豪门的好处了。而唐宋以后，随着科举选拔制度的改革和完善，以及印刷术的发展和书籍的普及，下层没有背景的贫苦读书人也可以通过考试向上层流动了。于是，每期的大考也变成了达官贵人的选婿活动，名列前茅的年轻单身考生往往都会被达官贵人招至门中，就相当于古代的"凤凰男"了。所以元明清的戏曲和小说里才会出现那么多如秦香莲与陈世美般的痴情贫女与负心状元的故事，当然也有痴情贫女与不忘初心的状元的故事。这类戏曲和小说长盛不衰，也正是时代特色的反映。

不过，科举制度下的高中者与今天的"凤凰男"还有很大的区别，科举与选官直接挂钩，中举可以说是通过考试改变了自己的身份和地位，中了状元就意味着不再是寒门，名义上已经与达官贵人们接近了，这样的婚姻也可以说是门当户对。所以中状元前的陈世美与秦香莲门当户对，中状元后的陈世美与秦香莲就不再门当户对了。陈世美抛弃秦香莲，说到底还是门当户对惹的祸，而门当户对说到底，也不过是现实利益的驱使罢了。

谈"婚"论"嫁"

俗话说:"男大当婚,女大当嫁。"婚嫁是这个世界上绝大多数人一生中必不可少的重要程序。那么"婚""嫁"这两个字有何来历,历史上还有哪些跟它们相关联的字,这是个有趣的话题。

单看上面那句俗话,感觉"婚"与"嫁"似乎是相对应的两个字——男称婚,女称嫁——其实古人的解释并非如此。最初的"婚"与"嫁"都是专指女方的。《说文》:"婚,妇家也。礼,娶妇以昏时,妇人阴也,故曰'婚'。从'女'从'昏','昏'亦声。"许慎认为"婚"是一个会意字,因为古时礼俗迎娶女方的仪式要在黄昏的时候举行,所以"从'女'从'昏'"。而"昏"字不仅表义,也兼表音,所以说"'昏'亦声"。

其实严格来讲,"婚"是一个后起字,它的本字就是"昏"。也就是说,最初只有"昏"字而无"婚"字,"昏"的本义是日暮时分，因为迎娶仪式在昏时举行，由此引申出"婚"的意义，又添加了"女"部造出"婚"字。许多古代文献中还保留着"昏"字，有时也写作"婚"（"婚"是"昏"的异体字，用"民"字做声符）。

《说文》中跟"婚"字相对应的是"姻"字："姻，婿家也。女之所因，故曰'姻'。从'女'从'因'，'因'亦声。"我们今天常见的"婿"字，早期都写作"壻"（注意，"壻"的左边不是"土"部，而是"士"部，表示男性），而"婿"则是宋代以后的通俗写法。"婚"代表妇家，"姻"代表夫家，也就有了"婚姻"的说法。今天人们还常说，婚姻并不单单是两个人的结合，而是两个家庭甚至两个家族的联系，历史上"婚姻"两字的意义正是如此。古人常说"通婚""联姻"，正是两个家族，甚至两个国家之间缔结友好关系的一个重要手段。

婚姻不只是两个人的事，还可以从古人婚姻中的一个必不可少的角色——媒人——中生动地体现出来。《说文》中"媒""妁"二字相连，解释为："媒，谋也。谋合二姓。""妁，酌也。斟酌二姓也。"这里采用的是声训的解字方式，用读音相同或相近的字来解释，以探讨其得名之由来。"谋合"与"斟酌"放在这里，真可谓既准确又形象了。许慎所言无论"谋合"，还是"斟酌"，宾语都是"二姓"，而非"二人"，正显示了古人的这种婚姻观。媒人在古时绝不是一个可有可无的角色，也不是说自家找不到合适的对象才需要媒人，即使两家已经订好婚姻，也要找个好媒人，选个好日子，去跟双方父母讲明，走过这一步形式。这个形式象征着婚姻是经过媒人斟酌，被专家认可的；也是告知了双方父母，被家长同意的。所以《诗经》中有诗句："取妻如之何？必告父母。""取妻如之何？匪媒不得。"

"嫁"字，《说文》的解释是："女适人也。从'女'，'家'声。""嫁"不同于"婚"，其意义自古至今没有任何变化，就是女子嫁到别人家去。许慎认为"嫁"是一个形声字，"家"是声符，只表音，不表义。不过若仔细想想，嫁人也就相当于成家，"嫁"跟"家"似乎在意义上也是有关联的。古人也有这样的想法，《白虎通》里说："嫁，家也。妇人外成，以出适人为家。"是很有道理的。

在联系到"家"的基础上，宋代的官修韵书《广韵》中给"嫁"的定义又更进了一步："嫁，家也。故妇人谓'嫁'曰'归'。"因为"嫁"就是成家，所以妇人出嫁也可以说成是"回家"了。这就把"嫁"字跟那个先秦时代常用来表示出嫁的"归"字联系到了一起。"归"在早期是个常用语，表示女子出嫁，《诗经》中经常出现，如《周南·桃夭》是一首赞美新妇的歌，其首章曰："桃之夭夭，灼灼其华。之子于归，宜其室家。"歌词的意思大致是：桃树长得茂盛，开着鲜艳的花。这个女子出嫁，最适合她的人家。

细细玩味，这也是件有趣的事，出嫁本是离家，即使是去到夫家或者说成了新家,也是去了一个陌生的家,却偏偏要说成是回家,不免有些强词夺理之嫌了。这样说一方面可能因为婚姻毕竟是件喜事,找个好听点的词安慰下新妇也没什么错处。另一方面,大概也只有站在男方的立场上,才会理直气壮地把女子出嫁说成是"归"吧。当然也有站在女方立场上的说法,就是把出嫁称为"行"了。《诗经·邶风·泉水》里描写了一个卫国的女子嫁到他国后,思念故家的心情,其二章言:"出宿于沛,饮饯于祢。女子有行,远父母兄弟。"这是回忆她出嫁时的行程,词句中所流露出来的,就是浓浓的感伤情绪了。这种情形下,大概是不愿意说那个"归"字的。

其实对于女子离家,古人是有相应的礼数表示的。《礼记·曾子问》中记录了孔子的话:"嫁女之家,三夜不息烛,思相离也。"嫁女的人家,三个夜晚都要点着火烛,以表达对亲人别离的不舍,这是颇近人情的。与此同时,男方也有特定的礼数,但是出发点不同:"取妇之家,三日不举乐,思嗣亲也。"嗣亲,就是接替父辈。儿子娶了媳妇成了新家,就意味着业已成熟,可以接替父亲成为家族的支柱了。同时,这也意味着父母开始逐渐走向衰老,这未尝不是一件悲伤的事。所以娶妇的人家,三天不能奏乐庆贺。这也就是"昏礼不贺,人之序也"。

如果要给"嫁"字找出一个相对应的字,最恰当的莫过于"娶"了。女曰嫁,男曰娶,自古已然。《说文》:"娶,取妇也。从'女',从'取','取'亦声。"解字方式与"婚"字相似，其实也正如同"婚"字，"娶"也是个后起字，其本字就是"取"，娶妻就是取得妻子。而"取"字，本是一个会意字，造字之意是以手（即右边的"又"字）割取耳朵。古人作战时，计算战功的方式之一就是割取俘虏的左耳以计数。男人娶妻选用了这个"取"字，也可以看出在古人眼里，女人是男人的附庸，甚至相当于男人的战利品。

婚姻是人生家庭之大事，《白虎通》中有一卷专论嫁娶，讨论了许多婚姻的礼节。其中卷首的一段话很是精彩，就抄在下面，作为本篇的结束吧：

> 人道所以有嫁娶何？以为情性之大，莫若男女，男女之交，人情之始，莫若夫妇。《易》曰："天地氤氲，万物化淳。男女构精，万物化生。"人承天地施阴阳，故设嫁娶之礼者，重人伦，广继嗣也。

思考

感受岁月变迁

考

幸,吉而免凶也。从屰,从夭。夭,死之事。故死谓之不幸。

——《说文解字·夭部·幸》

"止戈为武"与"羊大为美"

后母戊鼎与司母戊鼎

小大之辨

贤者,多财也

"幸"之不幸

蛾眉、娥眉与峨眉

"真珠"与"珍珠"

"止戈为武"与"羊大为美"

我们知道，汉字的造字法，传统上称为"六书"，即象形、指事、会意、形声、转注、假借六种。

"六书"中的会意，就是取两个或两个以上的表意部件，会集各部件的意义，造出新字。比如"取"字，表示以手（"又"即手形）拿着耳朵（"耳"），古代俘获猎物或俘虏，往往取下耳朵作为论功的证据。再比如"相"字，表示以眼睛（"目"）察看树木（"木"），"相"的本义就是察看（今天我们也还使用"相"的本义，比如在"相面"这个词里，"相"就是察看的意思）。会意是比较容易理解和解说的造字方法。

但是，根据会意来解说文字也最容易发生误读和曲解：一方面随着文字的发展或讹变，一些字的形体不同于造字时的面貌；另一方面，后人理解的会意很可能与造字者的本意不同。而且，还有很多情况，是解字者按照自己的理解或特定目的有意为之，创造出符合自己意愿的解说。

《左传》里有个最著名的关于会意字的解说——"止戈为武",在历史上影响就很大。

今天我们看到的"武"字除去左下角的"止"字外,并不是一个标准的"戈"字(多了一横),而"武"字的甲骨文作𠚎,《说文》小篆作𢦐,上方均为"戈"字。《说文》:"楚庄王曰:'夫武,定功戢兵',故止戈为武。"楚庄王的话出自《左传·宣公十二年》。

当时楚晋相争,互相胁迫中间的郑国。一次楚庄王率师围郑,盟而归,晋师救郑,晚至,追击楚师,两国交兵,晋师大败,尸横遍野。楚国大夫潘党建议楚庄王把晋人的尸体堆起来,封土筑一个高台(京观),以昭示子孙不忘楚王的武功。楚庄王不同意,他说:"你不明白啊,从文字上来看,是止戈为武!"他引用了当年武王克商后所作的颂诗("载戢干戈,载櫜弓矢",就是收起干戈,包好弓箭的意思),总结说:"夫武,禁暴、戢兵、保大、定功、安民、和众、丰财者也。(武德有七个方面:消除强暴、停止战争、保持强大、建立功勋、安定百姓、团结民众、增加财富。)这七方面我一个都不具备,有什么面目昭示子孙呢?"

楚国在春秋时期地处偏远,楚君不尊崇周天子的地位,自号为王,与周天子同级。但《春秋》的记载中并不承认楚王的地位,称其为僭越,凡楚王都称作楚子。就是这样一个被中原鄙视为没有礼法的国家,也会出现贤明的国君,甚至超过了中原诸国。楚庄王能说出这样一番话来，可见其贤德。而且，从引诗说字也可看出，地处蛮荒的楚国也受了中原文化的影响，而"止戈为武"这个说法也未必就是楚庄王所独创，或许已是当时常用的熟语。止戈为武，就是说化解干戈才是真正的武功，作为一个颇有反思意味的追求和平的正面宣言，此后一直被中国文化所推崇和宣扬。

但其实，这样的解说未必符合造字者的本意。现代学界关于"武"字的本义，最通行的说法是下面的"止"表示人脚，整个字形表示人背着戈行进，就是去行军打仗了。也有人根据"武""舞"同音，推断"武"的本义是人背着戈所跳的一种舞蹈，引申为征战。更有最新的成果，说"戈"表示神（古文字里有证明），"武"的本义就是神的足迹，这在古文献中也有证据。《诗经·大雅·生民》："厥初生民，时维姜嫄。生民如何？克禋克祀，以弗无子。履帝武敏歆，攸介攸止，载震载夙。载生载育，时维后稷。"讲述了姜嫄踩了天帝的足迹，心有所感，怀胎生下后稷的故事。里面的"帝武"就是天帝足迹的意思。不管怎样，"止戈为武"的说法晚于造字时期，是社会文明更加进步的产物，应是符合情理的。

一个字在造字之初本没有那么高明的考虑，但其字形恰恰迎合了后人的理念，或者说是启发了后人的思考，就诞生出了这么精彩而富有哲理的言论，这正是汉字为文化发展提供的另一种可能性。

说完"止戈为武",我们再说一个古代著名的关于会意字的解说——羊大为美。相比于"止戈为武"的高明,"羊大为美"只能是堪称朴实了。

《说文》:"美,甘也。从羊,从大。羊在六畜主给膳也,美与善同意。"许慎认为美的本义是指味美,而不是貌美。因为"美"是由上面的"羊"和下面的"大"两个字组合起来的会意字,羊大则味道甘美。今天美学界常拿"羊大为美"这句话说事,说这代表了中国古代的一种功利化的美学观,说古人的生活质朴,连对美的最初理解都来源于饮食,甚至有人会讨论到美与经济实践的关系。

不过,许慎的说解很可能只是一种权宜之计,也就是努力把可见的字形与字义搭上关系,既然"羊""大"都和貌美联系不上,就只能联系到味美了。甚至,许慎因为"羊在六畜主给膳",就把"美"跟"善(膳)"也联系了起来,这就显得颇有些牵强附会了。"美"字的本义很可能跟羊大没有什么关系,甲骨文中"美"字有 𦫳、𦫵 等字形,下面的"大"表示人(很可能专指男人),上面的图形则是头饰,戴着头饰的人很漂亮,就是"美"。而与之相对的则是"每"字,"每"的甲骨文字形作 𡴒,小篆作 𣫭,本义也是漂亮,下面的"母"字表示女人,上面则是女人的头饰,戴着头饰的女人很漂亮,就是"每"。后来,"每"字被假借表示其他的意义,就只剩下"美"字表示漂亮了,也就不分男女了。

"羊大为美"是当时的人面对字形的困惑从不同角度对美的生发。可以说，这种说法也代表了人们对美的某一层面的理解和认识，与孟子讲的"充实之谓美"有异曲同工之处。这种对美的理解也算是给美的丰富性和生动性所做的一个注解吧！

后母戊鼎与司母戊鼎

之前文化界有件大事,就是我们从小都熟知的"司母戊鼎"正式定名为"后母戊鼎"了。

"后"与"司",乍看起来是截然不同的两个字,其实它们的差别远没有看起来那么大。把两个字摆在一起,就好比一对孪生兄弟,一个转向左边,一个转向右边。若把"后"字水平旋转180度,就是"司"字了。如果用小篆字形,就能看得更清楚("后""司"的小篆字形分别为 后、司)。

而这种字形对比是针对规范汉字的,至于那些遥远年代里没有规范的古文字,研究者普遍认为"后"与"司"是同形字。也就是说孪生兄弟已经无法从外形上分辨了,不管转向左边还是转向右边,都可以读作"后",也可以读作"司",至于具体读作哪个,要根据上下文和其他辅助材料来判定。这也就是造成"司母戊鼎"和"后母戊鼎"两个名字的争议的原因。

1939年,人们在商王朝的遗址上挖出了一座大鼎,这座鼎重达八百多千克，是中国考古史上出土的最大的青铜器，一时举国震惊。因为鼎的内侧清晰地铸着"司母戊"三个字，这个鼎就被叫作"司母戊鼎"。专家把"司"字理解为祭祀的意思，认为这个鼎是商王祖庚或祖甲为祭祀自己的母亲（名字叫戊）所制作的。

但是，对于鼎的名字一直有人持不同意见，认为"司"应读作"后"，表示对祭主的尊称。随着更多出土文物的发现，不同意见已经渐渐成为学界主流观点，直到最后更名。不过，"后母戊"也未必就是对鼎上铭文完全正确的读法，还有另一种似乎很少被人提及的观点：下面的那个"母"字应读作"女"，用作偏旁，标记"后"为女性，"后（姤）戊"才应是对鼎上铭文的最合理的释读。这里面涉及一些古文字专业上的证据和论证，有些复杂，兹不赘述。

我小时候对"后"字的理解犯过一个错误，至今记忆犹新。关于"后羿射日"的神话故事，我曾听过几个不同版本，有的版本叫"后羿"，有的版本叫"羿"，于是我一度认为"羿"是一个人，"后羿"是另一个人，"后羿"是"羿"的后代，这两个人都曾弯弓搭箭射落过太阳。其实当然不是这样，"后羿"就是"羿"，这个"后"是他的头衔，他是部族的首领，所以被尊称作"后羿"，就如同"尧"也称作"帝尧"一样。

"后"在最初与我们熟悉的"君""帝"是同样的意思，表示君主、领袖。我们的传说故事和熟语中还保留着这样的用法。

比如刚说过的后羿，再比如传说中周王朝的始祖稷精于农业，教民耕种，被称为"后稷"。还有传说中共工氏有个儿子叫作句龙，他"能平九土"，被称为"后土"。而我们熟悉的词语"皇天后土"，指的就是主宰着天与地的神明。

"后"原本和"君"是同样的意思，后来却演变成了"君"的夫人，也就是我们熟知的王后、皇后了。至于为什么会发生这样的转变，真是难以说清。就如同观音菩萨，在佛教最初传入中国时本是男性形象，后来为何变为女性，成了观音娘娘，也是莫名其妙。不过若把"后母戊"的"母"理解为"女"字，标记其与男性的"后"相区别，倒正显现出"后"字从君主转为君主的夫人的中间阶段。"后"字表示王后、皇后的用法长期稳定地延续下来，基本成了"后"字在中国古代的唯一用法。

大多数人都知道今天的简化字"后"有个繁体的写法是"後"，但未必知道在古代"后"与"後"是两个不同的字，表示君主、皇后的写作"后"，表示先后、前后则写作"後"。所以若用Word软件直接将简体字转化成繁体字，就很有可能犯错误，"后羿"是不能写成"後羿"的，"王后"也是不能写成"王後"的。

"后"能表示君主、首领的意思，正来自"司"。"司"的意义是主持、管理，在古代最常用来表示管理各类政府事务的官职，比如，司马就是管理军队的，司寇就是管理刑狱的，司农就是管理农业的，司空就是管理工程的，司徒就是管理民众的。这种用法一直沿用到现代,今天的政府部门依然有称作某某司的。甚至在一些由"司"字组成的新词语中还保留着"司"表示主持、管理的最原始用法,比如"司机",就是管理机车的职务;而"司仪",则是主持仪式的职务。古今汉语的这种隐秘的血肉联系着实令人惊叹。说到这里,不免让我想到那个"董"字了。

现代的公司、企业中有个尊贵的头衔——"董事"。从前我经常困惑于这个词,为什么叫"董事"呢?因为他们懂得许多事务吗?当然肯定不是这么解释,不过我也一直没有去深究,只停留在奇怪的感觉上。生活就是这样,因为想做的或者必须要做的事情太多,很多疑惑的想法虽然经常冒出来,但只会被当作细枝末节放在一边。直到有一天,读《左传》的时候看到一句话,令我恍然大悟。《左传·桓公六年》:"楚武王侵随,使薳章求成焉,军于瑕以待之。随人使少师董成。""随人使少师董成",意思就是随人派少师去主持结盟仪式。原来"董"是主持管理的意思啊,"董事"也就是主持管理公司事务的人了。"董"的主持义出现在上古时期,但不常见。没想到多年后,组成"董事"一词,最终演变成了这么一个时髦的商业头衔,不得不说,我们的语言生活实在难以跟我们深厚的历史割裂啊!

上面说到,"后"来自"司",由主持、管理引申到主持、管埋的人,变成专有名词君主、首领。我们可以由此推知,在最初的古文字中,"司"有两种写法,一种转向左边,一种转向右边。后来"司"字衍生出"后"字的用法,两个字依然共用这两种写法。直到汉字规范时，人们才给这两种写法做了分工，分别读作"司"和"后"。这大概就是"司"与"后"的字形发展脉络了。这样看来，"司"与"后"，倒不像是孪生兄弟，而像是父子关系了。

小大之辨

"大""小"是人们生活中经常用到的两个基本概念。我们可以凭空想一下,如果让我们来造字,这两个概念该如何表示呢?我们应该很快就会感觉到,要通过表义的方式造字真的很难;这两个概念实在是很抽象。最容易的办法,大概就是用同音假借字了。不过,古人并没有用假借字,而硬是造出了两个表义的字。

"小"字的字形很简单,小篆作川,《说文》:"小,物之微也。从'八','丨'见而分之。"这话很晦涩,大体意思应该是"八"表示分别义,"丨"表示从地下生出来的东西,这东西一出现就被分了(见而分之),所以就是小了。这样的解释看起来很牵强,也并非"小"字字形的本义。其实小篆虽然象形度还很高,但毕竟是经过规范美化的字体了。若再往前,甲骨文中的"小"字作小、丷等,字形的意义就一目了然了。甲骨文的"小"字就是那么三个小点,芝麻大的几粒东西,当然就是

"小"了。卜辞中的"小"用来表示小雨,我们大概可以猜测,造出这字形的灵感有可能就来自那零星的小雨点了。

"小"的造字简单,简单中又透露出古人的一股机灵劲儿。更令人叹服的是,还有一个跟"小"非常相似的字,那就是"少"了。"少"的甲骨文字形作 ⺌,比"小"多了一个点。有学者认为,早期"小"和"少"很可能就是同一个字,也就是说不管三个点还是四个点,都既可以表示小,也可以表示少,这是很有可能的。后来,两个字有了分工,就用那一个点区别开了。

说到这里,我不免想到了"多"字。既然少可以用几个点来表示,那么多是不是可以用很多个点来表示呢?那样的话恐怕有些麻烦,到底多少算多呢?古人当然没有用很多个点表示多,因为他们用了"多"字。《说文》:"多,重也。从重'夕','夕'者,相绎也,故为多。"许慎说"多"就是重的意思,而"夕"是夜晚,"相绎",即相连属,段玉裁解作"相引于无穷也"。昼夜都是周而复始,无穷无尽的,所以可以用三个"日"表示重复,即"叠"字(早期写作"疊")、也可以用两个"夕"(夜)表示多。许慎给"多"字解释得很好,但也未必符合造字的本意。我们都知道,汉字中的"月"部里,有很多字都跟肉相关,那是因为字形相似的原因。"月"的小篆字形作 ⺼,"肉"的小篆字形作 ⺼,几乎一样。不过,两字的古文字形还是有差异的,"月"的甲骨文字形如 ☽、𖡼 等;"肉"的甲骨文则是 ⟩、𖡼 等,象切出的一块肉的形状。"多"字中的"夕"也很可能是"肉"字，甲骨文中的"多"字（㕣），王国维就认为是两个"肉"字会意。叠在一起的两块肉，才是"多"字的本义。

汉字的造字方式虽只有那么规律的几种（即传统所说的"六书"），但联想取义的来源可谓是五花八门，不拘一格，而这其中也会包含人情的好恶。我们从这完全相对立的两个字——"多"与"少"中，就能生动地感受到这一点。从概念的使用价值上来说，两个字本身应是平等的，但人们在造字时就明显表现出了对"多"的喜爱和重视："少"字只有那么几个点，而那几个点画的是什么并不重要；轮到"多"字，就是两块实实在在的肉。这个中滋味，是如此的直白，又似乎带着那么一些无奈的苦涩。

类似"多""少"，"大""小"也体现出这种感情倾向。我们前面说过，"大"字本象人形，"大"字也正是因为这个人形而有了大义。汉字中象人形的字很丰富，有小时候头很大的"儿"字（繁体作"兒"）；有长大后体形匀称的"大"字；有成年束了头发，插一根簪子的"夫"字。"儿"与"夫"都特有所指，而这个"大"字相对就比较清闲，而它与"儿"相比，正有长大义，于是就专去表示大小的大了。用人形的"大"字来表示大义，也自然流露出人们对大这个概念的喜爱和重视。《说文》中解释得很精彩："天大，地大，人亦大。故'大'象人形。"

汉字中也有一个与"大"非常相似的字——"太"。"大"与"太"的关系，比起"小"与"少"来更为密切，这个"太"字是在"大"字的基础上新造的区别字，除了表示专有名词的尊贵色彩，并没有多出什么实际的意义，依然是大而已。古时有一座山，巍峨庄严，声名远播，人们称其为"大山"，后来专叫作"太山"，今天就写作"泰山"。《左传》中说："晋中行穆子败无终及群狄于大原。"后来有个地方就专叫作"太原"。太阳就是大日头，太子就是大儿子，太庙就是大宗庙，供奉始祖。相比于"大"字，"太"只是彰显了更多的优越与尊贵。

"大"与"小"的对立，产生了很多相应的概念，在中国历史上有其特定的色彩。比如"大人"和"小人"，是早期典籍常见的说法。"大人"一词，古人多解释为在位者、国君、天子、诸侯等，地位都相当尊贵。而与此相对，"小人"则解释为细民、下民、庶人等，地位则卑贱。后来，"小人"又被赋予了道德上的贬义色彩，被解释为愚民、无德者、无知之人等，更为不堪。而与其相对的词则不再是"大人"，而变成了"君子"。"君子"若从字面意思上看，本是"大人"中的一种，是国君的后代，自然是贵族。后来随着封建制的消亡，贵族阶层也没落了，"君子"的意思也发生了变化，不再表示贵族，就与"小人"相对应，专指道德高尚的人了。

"大"与"小"的对立，也表现在与它们密切相关的"太"与"少"上。"少"专表年岁少时，形成了一个专门的意义，用去声"少"(shào)来表示。这个"少"与"小"就更为接近了。古人的官职,有太师,有少师;有太傅,有少傅;有太保,有少保。中医中的经脉,有太阳、太阴,有少阳、少阴。古人祭祀,按照祭品规模的大小,有"太牢"和"少牢"之分,具体说法不一,总之"太牢"高于"少牢",一般说,天子祭社稷才能用太牢,诸侯则只能用少牢了。

贤者，多财也

即使不提考古的证据，单从汉字上，也足以看出中国早期有一段显著的以贝类为货币的历史。《说文》中"贝"做部首的字几乎全都跟财货相关，很多都是我们熟悉且在今天仍然常用的，如表基本物品的"财""货""资"，表价值多少的"贵""贱"，表交易或流通的"买（繁体作'買'）""卖（繁体作'賣'）""购""贸""贩""贷""赊""赁""赠"，以及贬义的"贿""赂""贪""赌""贬"等。也有些字，产生于特定的历史环境，今天有了或远或近的引申意义的，近的如"赏""赐""贡"等，远些的就不那么容易想到了，如"责""质""赘""赞""宾（繁体作'賓'）"等。最有趣的是，中国历史上有崇高地位的圣贤的"贤"字，古人就有解释为"多财也"，若如此说，贤人岂不就成了有钱人了吗？

"贝（貝）"字甲骨文有 ⟨img⟩、⟨img⟩ 等形，小篆作 ⟨img⟩，是个象形字。《说文》："贝，海介虫也。居陆名'猋'（音biāo），在水名'蜬'。象形。古者货贝而宝龟，周而有泉，至秦废贝行钱。""海介虫"中的"介"就是甲壳的意思。在陆上又叫作"猋"，在水中又叫作"蜬"，都是贝的不同名称。古时以贝为货币，而龟则最为宝贵。周代开始使用新的货币，称为"泉"，到了秦代则废除了贝，专门用钱。"泉"和"钱"都是金属铸造的货币，只是形制不同。"泉"的本义是泉水，字形是山石下有水流出，小篆作泉。"泉"表示货币又称"布"，"布"是遍布的意思。古人解释说"其藏曰泉，其行曰布，取名于水泉，其流行无不遍"，是很讲究的。而"钱"字，本读jiǎn，是农业生产的工具，大概相当于铁锹。后来能表示货币，有人认为是因为其形状跟铸造的货币近似，也有人认为只是读音跟"泉"相近，假借用来表示货币而已。

贝用作货币流行到秦代以前，其历史真可谓悠久了，所以就会从"贝"字生出那么多跟财物有关的字。意义没多大变化的常见字我们就不说了，说说那些引申到陌生的字吧。"责"，《说文》："求也。"这个"求"，并不是一般的请求，而是对有过错或未尽职者的一种物质上的索求，相当于补偿了。这种需要补偿的亏欠，就相当于债务了，所以债务的意义也用"责"字来表示，后来添加了"亻"部，另造了"债"字。

"质"和"赘"本义相近，《说文》："赘，以物质钱也。""质，以物相赘也。"意思相当于今天所说的抵押。同样意义的两个字，引申起来，就有了分工的不同：之于物，"质"

成了实质、质地的"质","赘"则成了累赘的"赘";之于人,"质"成了人质,"赘"则成了男子入赘女家。看起来,"赘"远不及"质"那样受人待见。

"赞",《说文》:"见也。从'贝',从'兟'。"大徐本有注:"兟,音诜(shěn),进也。执贽而进,有司赞相之。""贽"就是礼品,古时客拜见主人,所持礼品丰厚,需有人帮忙拿着,这个帮忙的行动,就是赞。所以说"有司赞相之","相"也是辅助的意思。《仪礼·聘礼》里说:"宾觌,奉束锦、总乘马,二人赞。"《聘礼》不是我们今天所说的结婚的聘礼,而是讲的诸侯国之间相聘问的礼仪。按礼节,诸侯有邦交友好关系的,每年要派人带了礼品去聘问。使者一般是卿,地位很高,双方送迎仪式也相当烦琐。上面所引述的话是使者拜见对方国君仪式中的一步,使者捧着束锦,牵四匹马("乘马"就是四匹马),有两个人辅助(大概是帮忙牵马)。这只是个象征性的仪式,国君间真正致送的礼品列有清单,早已由相关人员交接了。"赞"由着这种辅助义引申出赞助、赞扬等意义。

"宾",繁体作"賓",正是上面所说的致送礼品的客人,所以自然也就以"贝"为部首了。《说文》:"宾,所敬也。"带着礼品的有头有脸的人物,就是嘉宾。所以《诗经》中写:"我有嘉宾,鼓瑟吹笙。"那是很隆重的了。"宾"由宾客的意义引申出专门迎接宾客的人,改读bìn,为区别写作"傧",就是傧相了。

最后，我们说一说最有趣的"贤"字吧。"贤"，繁体作"賢"。《说文》："賢，多才也。从'貝'，'臤'（音qiān）声。"《说文》言"多才也"，后人很多不同意。戴侗《六书故》中说："贤，货贝多于人也。……引之则德行道艺踰人者谓之贤。"段玉裁《说文解字注》则直接将"才"改成了"财"，就是"贤，多财也"了。他认为《说文》各版本中的"才"是印错了，说："'财'，各本作'才'，今正。'贤'本多财之称，引申之凡多皆曰'贤'。人称贤能，因习其引申之义而废其本义矣。""多才"之说显然指才能高，与我们通常所理解的"贤"相吻合。但从字形上来看，"多财"确实更应该是其本义。

由多财引出多才，从逻辑上来说也很合理。比如之前所说的"德"字，正是从物质上有所获取的"得"，引出内心有所获取的"德"，这种共通性人们是很容易联想到的。而"才""材""财"三个字也是如此，"才"字的本义就是木材，又泛指各种材料——至于人的材料，就是人才了；而钱货的材料，就是钱财了。后来使用中，"才"字用来专表示人才，木材就加了"木"部首，写作"材"，钱财就加了"贝"部首，写作"财"了。

不过，"贤"的本义为多财这样的说法虽然很合于其字形，也合乎情理，但并没有文献来证明。我们在古书中能见到的"贤"字，基本都是才能高的意思，只有极少数表示多过、胜出,也跟钱财无关。所以,《说文》中的"多才也"也未必就是错的。若一定要解决这种考证所力不能及的矛盾,就只能假设了。两者都可以假设:其一,"贤"的本义是多才,为什么要用"贝"做部首呢?是因为才能是最可宝贵的财富。这说法看起来似乎有些过于现代,但也未必不可能,春秋战国时代很多诸侯士大夫都求贤若渴,为了得到贤人,真是花了不少钱财的。其二,"贤"的本义就是多财,没有文献证据只能说是历史的遗憾;而且可以类比,如同"君子"最初只是指贵族,后来表示道德高尚的人一样,"贤者"也有可能最初专指那些善于经营的富有的贵族,后来才表示才能出众的人。

"幸"之不幸

"幸"字在今天通常是个吉祥的字,"幸福""幸运"等词语都笼罩着温暖与欢乐的气息。但有时"幸"字的出现也会让我们感到些许不快和隐忧,比如在"侥幸""庆幸"这样的词语中。这就是"幸"字的矛盾之处,自古至今"幸"字都一直伴随着这种矛盾。

有趣的是,有一个跟"幸"字极其相似的"夲"字,小篆作夲,这个字读niè,《说文》:"所以惊人也,从大,从羊。一曰:大声也。……一曰:俗语以盗不止为夲。"其本义应是羁押犯人的刑具,从甲骨文字形 可以生动看出。"夲"字在后世并不单独成字,但由它构成的字还很常用,做偏旁的"夲"写法就跟"幸"一样了,如"执"(繁体作"執",《说文》"捕罪人也")、"报"(繁体作"報",《说文》"当罪人也",即审判罪人)、"圉"(即"囹圄"之"圄",《说文》"所以拘罪人也")。以前我就把这些字里面的偏旁"幸(niè)"都当成了"幸（xìng）"字，很困惑：为什么被抓了，被关了还是幸运的事呢？其实并不是这样的。

那么"幸"字呢？"幸"字小篆作🈯，《说文》："幸，吉而免凶也。从'屰'，从'夭'。夭，死之事，故死谓之不幸。""屰"就是"逆"字，"夭"就是夭折；逆夭，就是背离了夭，就是不死了，所以说"吉而免凶也"。

许慎对"幸"字的解释会让我们感觉，虽然"幸"之得以免死不能不说是件好事，但其前提却是一个沉重的包袱——濒临死亡绝不是什么好的体验。在《说文》里，"幸"与"不幸"不是平常的一件事情的分别，而是生死相隔。所以就算是"幸"了，恐怕也不能那么轻松愉快了。我们今天还常用的说法"幸免于难""不能幸免"等，都还保留着《说文》中"幸"字的本义。

而在濒临死亡的状况下能够逃脱，也绝不是大概率事件，里面会含有很多运气的成分。于是，在这样的基调里，"幸"字就发展出了超出自己应得的非分所得的意义。《中庸》里有段话讲君子素其位不求乎外，是这样说的：

> 君子素其位而行，不愿乎其外。素富贵，行乎富贵；素贫贱，行乎贫贱；素夷狄，行乎夷狄；素患难，行乎患难，君子无入而不自得焉。在上位不陵下，在下位不援上，正己而不求于人则无怨。上不怨天，下不尤人。故君子居易以俟命，小人行险以徼幸。

这里"素"字的大意,就是以平常心对待的意思。君子安于其位,做分内的事。居富贵,则安于富贵,做富贵人该做的事;居贫贱,则安于贫贱,做贫贱人该做的事。不强求,不贪婪,不于分外索取,方能不处险境,生活得更加容易(当然可以想见,即使安于其位,也难免会遇到客观上的风险。但这不是问题,君子只须行己所当行,安心顺命,而不怨天尤人)。与君子相反,小人则不会安于其位,总要去追求分外的利益。所以朱熹的《四书集注》中说:"幸,谓所不当得而得也。"上文末句以小人对比君子,其主要目的并不在于对小人的批判,而着重强调君子的反面,即不按照经典原则修身行事所面临的困境。君子是"俟命",是等待命运的安排,顺其自然;小人则是"徼幸",是希求不当的利益,与自然相背离,所以其做法往往只能是"行险",即承受更大的风险,甚至将自身置于绝境。"徼幸"的说法在后世也成了一个固定的词语,就是"侥幸"了。

"幸"字在非分所得的意义下,又更进一步,专指得到帝王垂青的情形。帝王的垂青,可不是常人所能企望的,这种事情不管发生在谁身上,都可以说是非分所得了。不仅帝王垂青某人会称为"亲幸",帝王到达某地也称为"巡幸"。而某些被帝王垂青的臣子也有了个名号——"幸臣"。

得到帝王垂青看起来似乎是件好事,但"幸臣"却并不是什么好名号。幸臣特指那些本身并无很强的能力,但善于溜须拍马、察言观色,专门迎合皇帝,从而得到皇帝喜爱的大臣。幸臣的权力之大,往往与他们的官职不成正比,一是因为他们有皇帝做后台,谁的后台再硬能硬过皇帝呢?二是因为他们有更多机会接近皇帝,可以在皇帝面前毁誉群臣,谁要触犯了他们,日子恐怕就不好过了,白居易有句诗说:"未为明主识,已被幸臣疑。"就是这种情况。反之,谁要想在皇帝那里得到些提拔或方便,又没机会接近,讨好幸臣也就成了个好办法。《韩非子·奸劫弑臣》中说:"夫奸臣得乘信幸之势以毁誉进退群臣者,人主非有术数以御之也,非参验以审之也,必将以曩之合己信今之言,此幸臣之所以得欺主成私者也。"

幸臣因其节操而为人所不齿,正如上面《中庸》所说的"小人行险以徼幸",他们也正是不安于其位,追求分外利益的小人的典型。幸臣的所作所为也将自己置身于极其危险的境地,因为一来,若政局有变,或某些跟幸臣有瓜葛的人犯事,幸臣就很可能成为众矢之的,最终被皇帝拿来当替罪羊;二来,若喜爱幸臣的皇帝崩了,新帝即位后,幸臣不但失宠,也很可能会因其过往的不端行为而获罪。

不光幸臣如此,似乎在古人看来,被皇帝重视本身就是件颇令人担心的事。人们研究"被"字句(就是用"被"字做标记来表达被动的句子,如"我被小明打了"之类)的历史时,分析了大量材料,发现早期的"被"字句总是用在不好的事情上。但似乎有个例外,就是被皇帝召见的情况也会用"被"字句。其实这也不能算作例外，这大概就是古人所谓的"伴君如伴虎"了，被皇帝召见固然是莫大的礼遇，但同时也面临着诸多难以预知的巨大风险。

所谓"祸兮福之所倚，福兮祸之所伏"，福与祸之两面，本就相生相伴，矛盾统一。而"幸"字，也在这种矛盾中走过了两千年，因其免于凶险而成为好事，却又因其处于凶险之境而招致恶名，幸与不幸，又怎能分得开呢！

蛾眉、娥眉与峨眉

《诗经·卫风·硕人》中描写硕人之美,有"螓首蛾眉"之句;古人也称美女为"娥眉",一直沿用到现代汉语;我们熟知的四川省有一处名胜,叫作"峨眉山"。这"蛾眉""娥眉"与"峨眉",看起来、读起来都是那么的相似,三者之间到底有什么联系呢?若把前人解说整理一下,很能体会到一些汉字汉语的奇妙之处。

人们常说汉字是一种象形文字,与西方表音的字母文字相区别,象形是汉字的显著特征,这既是其独特美感的来源,也造成了不易学习和使用的障碍。但其实,这并不是一个完全正确的判断。文字是语言的载体,其创造和使用必然会受到语音的影响,汉字作为文字的一种,也难以摆脱这种限制。所以,汉字中虽有一部分(大都是早期造的独体字)是象形字,但绝大部分还是有表音作用的形声字。据统计,形声字在汉字总数中的比例大概是90%,这似乎大大超出了我们印象上的感受。更有甚者,很多汉字在一些具体语境中只起到表音的作用,那就是所谓的"假借"用法了。"蛾眉""娥眉"与"峨眉"的联系就因着汉字的意与音之间的矛盾显得清晰而又含混。

《诗经·卫风·硕人》是赞美卫国夫人庄姜的诗,第二章描写庄姜的美貌,是这样说的:

> 手如柔荑,肤如凝脂,领如蝤蛴,齿如瓠犀,螓首蛾眉。巧笑倩兮,美目盼兮。

这章诗可以说是相当经典了,其中"肤如凝脂"与"巧笑倩兮,美目盼兮"都是深受人们喜爱和传诵的名句。我们可以看到,前四句写"手""肤""领""齿"都用了同样的句型,且均以动植物为喻:"柔荑"是白茅的嫩芽;蝤蛴是天牛的幼虫,形容脖颈白嫩;瓠犀是葫芦的籽实,形容牙齿白且整齐。"螓首蛾眉",则是一句之中描写了额头(首)和眉毛两个部位。"螓",郑玄的笺解为"蜻蜻",是一种昆虫,因为"额广而且方",所以用来形容美人的额头。"蛾眉"大概在古人看来最简单明白,因为经典的《诗经》注疏中,"毛传""郑笺""孔疏"都对"蛾眉"只字未提,显然这些汉唐的注家觉得大家都能看懂,不需要解释。直到宋代朱熹的《诗集传》中,才明确地解释一番:"蛾,蚕蛾也。其眉细而长曲。"就是说,蛾眉就是像蚕蛾一样的眉毛了。"首""眉"两个部位的描写虽然与前四句句型不同，但也是很容易理解的比喻修辞，且仍以动植物为喻，整齐而统一。

但是，也正因为这一句"蓁首蛾眉"与前四句句型不同，加之《诗经》渐渐经典化，有些严肃的人就觉得这句诗不那么雅观了，就开始怀疑这"蓁"与"蛾"有问题，很可能是假借字了，有了这样的想法，大概就会有人去改动这两个字了。"蓁首"，在《说文》所引的《诗经》中就是另一个版本了，写作"頩首"：《说文》："頩。从'页'，'争'声。《诗》所谓'頩首'。"显然，许慎看到的《诗经》，是写作"頩首"的，这样一来，就成了好看的额头了。而"蛾眉"，也有另一种写法，那就是"娥眉"。"娥"字，正表示美貌的意思，于是"娥眉"也就成了美丽的眉毛了。

"蛾眉"，或者"娥眉"，在表示眉毛的基础上，又用来代表美貌，以至于美女。屈原的《离骚》中抒写遭遇小人嫉妒的愤懑，以香草美人自比，有"众女嫉余之蛾眉兮"之句，汉代王逸的《楚辞章句集注》中："蛾眉，好貌。蛾，一作'娥'。"这个"蛾眉"（根据王逸的注，也有版本写作"娥眉"的），就代表美貌了。白居易《长恨歌》写杨贵妃之死，便是"宛转蛾眉马前死"，这里的"蛾眉"就指代美女了。

白居易的《长恨歌》，既写到了"蛾眉"，也写到了"峨眉山"，唐玄宗避难入蜀，境况狼狈，心情凄凉，就有了"峨眉山下少人行，旌旗无光日色薄"之句。"峨眉"的名称，也起源甚早，晋代常璩撰写的《华阳国志·蜀志》记载蜀国的开辟君、传说中杜宇的事迹就说："杜宇以褒斜（今陕西汉中）为前门，熊耳（今四川青神县境内）、灵关（今四川雅安芦山县西北）为后户，玉垒（今四川都江堰市境内）、峨眉（今四川峨眉山市境内）为城廓。"

"峨眉"的来历，郦道元《水经注》中说："望见两山对峙，如蛾眉焉。"如此。则"峨眉"的山名也是来自"蛾眉"了，因为是山，所以就把"蛾"的"虫"部改成了"山"部。调整部首的目的，本是为了表义的准确性，但这个变动反而使得表义变得模糊起来了，意义的联系反而通过语音得以保持，真是一件矛盾的事。

"峨眉"之得名，古人一直相信《水经注》之说，到了近现代又有了新的见解，被很多人接受。那就是认为"峨眉"本应是"涐湄"，因为大渡河古称"涐水"，而峨眉山在涐水之湄（湄，就是水岸、水边的意思），所以叫作"涐湄"。改换了部首，就写作"峨眉"了。若如此，则其与"蛾眉"就一点意义关系也没有，只是纯粹读音的巧合了。

不过，"峨眉"来自"涐湄"的新说虽也算合理，但却存在一些论证上的弱点：其一，"湄"表示水岸，主要指陆地，山的名字称作"某（水之）湄"的，似乎并没有其他例证，所以称"峨眉"为涐（水之）湄，这样的孤例就显得很可疑；二是"峨眉"跟"蛾眉"只差了一个字，而跟"涐湄"相差两个字，来自

"浈湄"的可能性就相对更小了。

最后,我们再说一下对于"蛾眉"与"娥眉",清人马瑞辰在《毛诗传笺通释》中的意见。这个意见,可以说是从根本上颠覆了前人的观点,认为前面所说的一切都错了。

马瑞辰的观点是,不管"蛾眉"还是"娥眉",都是语音的假借,意义等同于"娥",也就是貌美的样子,跟眉毛并无关系。若更深一层地说,"娥"的美好义也来自于读音,这些同音字,"娥"表示漂亮的女子,"蛾"是漂亮的虫子,"浈"是漂亮的河,"峨"就是漂亮的山了。它们所指虽不同,特性却一致,只是这一致的特性并不来自字形,而是来自读音罢了。至于后面的"眉"字,只是凑了个音节,并不增加实际意义。如此,则"蝤首蛾眉"的意思大概就是"好看的脸儿真好看"了。虽然看起来前后语义重复,但也还符合《诗经》的文风,《硕人》这一首诗里不就有同样的句子吗?"硕人其颀""硕人敖敖",这里面"硕"就是大的意思了,"其颀""敖敖"也表示高大貌,不就相当于说"大人啊真高大"了。

这个观点很难论证,但也有很有力的支持,那就是"娥"字在上古就有凑音节表示同义的例证,如"娥娥""娥媌"等。而"娥媌"的读音,就与"娥眉"颇接近了。另外"娥眉"也有写作"娥媚"的,就不用"眉"字了。"蛾眉"若仅表示好看义,必然是早期的用法,后人不知道,就难免会望文生义,理解成字面的意思。用这个观点不管解释"蛾眉""娥眉",还是解释"峨眉",都更明白且简易。人就是美貌的人,山就是清秀的山,多么完美的统一啊!

原初的创造未必一定都有理据,都能论证,理据也可能是经过后人的整理改造才逐渐完善的。理据并不一定能推导出事实,这也是大千世界的矛盾与丰富之处吧。

"真珠"与"珍珠"

"真珠"在《汉语大词典》里的解释是:

> 即珍珠。形圆如豆,乳白色,有光泽,是某些软体动物(如蚌)壳内所产。为珍贵的装饰品,并可入药。

说得很明确,"真珠"就是"珍珠",两者所指的实物毫无区别。那为什么会有两种不同的写法呢?如果不做考察,单凭想象的话,我会得出这样的推论:因为"真"和"珍"的读音相同,所以就会有人误把"珍珠"写成"真珠",没准也可能是故意为之,因为这么一写,似乎就包含了经过鉴定的真货的意味,有利于商家促销。所以"真珠"的写法虽然少见,也有它存在的理由。但是,事实却是与此完全不同的更有趣的情节。

早期汉语中,珍珠一般都只称作"珠",而双音词则是"真珠"。也就是说,"真珠"才是正宗,是先出现的说法。而"珍珠"是在唐代才产生的,到了宋代逐渐增多,以至于取代了"真珠"。关于"真珠"这个词语的来历,王夫之在《尚书稗疏》中曾有过探讨:

> 古之珠皆以玉为之,后世南粤即通中国,合浦之珠始登服饰,而谓之"真珠"。"真"云者,言其不假琢而圆也。

王夫之的意思,是说上古时代,中原地区原本没有蚌类出产的珠子,只有玉石加工成的珠子,是打磨成圆形的。后来中原与南粤有了交流,蚌类出产的珠子被引入中原,就称作"真珠",以表示真正的、天然的珠子。

王夫之的文中提到了"合浦之珠",在古代是个很有名的典故:合浦郡在南粤,东汉时,有个叫孟尝的人被派到合浦郡做太守。合浦郡不产粮食,靠采集海里的真珠,与邻接的交趾郡互相通商,换取粮食。之前的太守贪婪无度,想尽办法让人去采集真珠,海里的珠贝不堪重负,都迁到交趾郡去了。合浦人采不到真珠,不能与人通商购买粮食,有不少人因此饿死。孟尝到任后,革除了前任的敝政。没过一年,原来离开的珠贝又都回到了合浦,百姓又能采集真珠,恢复通商了。孟尝被百姓赞颂,奉为神明。这个典故,让合浦的真珠变得非常有名,人们也用"合浦珠还""珠还合浦"这样的说法来比喻宝物失而复得或善人离而复归,或者称颂政治清明。

王夫之关于"真珠"来历的解释很有道理，从造字上来看，"珠"字的部首是"玉"，表示玉石的意思。那么最初的珠子很可能就是用玉石加工而成了。但是，《说文》中对"珠"字的释义为"蚌之阴精也"，可见在许慎看来，"珠"本来就是蚌类所产，而非玉石加工而成。许慎的这个说法倒也可以在字形上得到些许支持：大概古人的分类中，是把水生的珠宝当作和玉石同类的，"珊瑚"不也是用"玉"做偏旁吗？

　　不管谁的解释正确，不管"珠"的本义是蚌类出产的珠子还是玉石加工而成的珠子，我们可以说，古代的珠子大体有两种，一种是用玉石加工而成的，一种是天然的蚌类出产的。而蚌类出产的也叫作"真珠"，这应该是合乎实际的。不过，古书中的"真珠"还不全都是蚌类出产的，佛经文献《大智度论》有这样的话：

　　问曰：是诸珍宝从何处出？

　　答曰：金出山石、沙、赤铜中，真珠出鱼腹中、竹中、蛇脑中。

　　鱼腹、竹子、蛇脑中都可出产真珠，尤其是蛇脑，《佛地经论》中也说："赤虫所出，名赤真珠。""赤虫"就是红色的蛇，其脑中产出的珠子叫"赤真珠"。佛教的说法很神秘，这些真珠即使有可能存在，也绝非寻常之物，我们是很难见到的。

或许，佛教文献里的"真珠"，并不是我们平常所说的"珍珠"。这种修辞看起来更像中国传统的道教，里面的"真"字也散发着道教的意味。大家都知道，"真"是道教里是一个非常重要的基本概念。今天还有一类玄幻小说以修真为题材，很受读者欢迎。

那么，为什么"真珠"后来变成"珍珠"了呢？这个很难解释，但首先，"珍"字与"真"字同音肯定是一个很重要的原因。汉语的语音是不断发展变化的，在唐代以前，"珍"与"真"两个字并不是同音字。它们演变为同音字的过程发生在唐宋之际，由于语音发展的不平衡，唐代只是在个别地区发生，到了宋代逐渐扩散到其他地区。这正与"珍珠"在唐代仅有少量出现，到了宋代大规模使用的文献证据相互吻合。

有人说，"珍珠"取代"真珠"与人工培育的珍珠有关。早期的真珠大都是天然的，到了宋代，人们开始大量人工培育珍珠。宋人庞文英在《文昌杂录》中写道：

> 礼部侍郎谢公言：有一养珠法，以今所作假珠，择光莹圆润者，取稍大蚌蛤，以清水浸之，伺其口开，急以珠投之，频换清水，夜置月中。蚌蛤采月华，玩此经两秋，即成真珠矣。

从这段话可以看出，人工培育的真珠并不完全是"真"的，里面的内核是"假珠"。而这样的珠子再叫"真珠"似乎就不那么合适了。正好这时已出现了同音的"珍珠"用法,于是,"珍珠"取代"真珠",正满足了人们不好意思再说这些人工培育的珠子是"真珠"的需要。不过,随着人工培育的普及,珍珠的数量必然大大增加,而价值也就远不如天然真珠那样珍贵了,所以说"珍珠"也未免有些名不副实。但毕竟,瘦死的骆驼比马大,人工培育的珍珠还是重要的珠宝,还是值得珍视的,"珍珠"这个说法还是更合理一些吧。

孔子说:"必也正名乎。""名不正则言不顺,言不顺则事不成。"这样看起来,"真珠"演变为"珍珠",也是正名的结果了。名正言顺,人们就可以放开手脚大量人工培育珍珠了。

独白

诉说世间温情

家,居也。从宀,豭省声。
——《说文解字·宀部·家》

围起来的种种

行行重行行

军旅与行旅

牢与家

猿猴、猩猩与狒狒

多识于鸟兽草木之名

围起来的种种

有两个字,它们在楷书中形状笔画完全一样,只是大小不同,就是"口(kǒu)"与"囗(wéi)"了。前者字形较小,我们都熟悉,它是嘴的意思,用作部首也跟嘴有关,比如"吃""呼""言"等;而后者大概会比较陌生,其实它就是"围"的本字,是个象形字,字形就是一个大圈,表示把对象围起来。"囗"字的小篆字形作⃝,"口"字的小篆字形作⊔,是不同的。

我们今天常见的"囗"是用作部首的,一般都是把一个字的其他部分围起来,比如"困""圈""国""囵""圆"等。汉字中从"囗"的字并不多,但也独具特色。这篇文章中,我们就谈谈这些字。

在人们的生产生活中,需要确定并维护自己的资产,而围起来、划定界限则是一种最直观的方式。种粮食的地是有四围界限的,"田"字一般认为是整体象形,但若分解开来,其四周的"囗"也就表示田地的疆界了，所以《说文》中说"田"字以"囗"象四围，以"十"象阡陌体制。种果树、种菜的地也是有四围界限的，那就是"園"（简体写作"园"）和"圃"了，《说文》："園，所以树果也。从'囗'，'袁'声。"又："种菜曰圃，从'囗'，'甫'声。"更甚者，古时贵族会把大片林地围起来作为狩猎的场地，称作"囿"。《说文》："囿，苑有垣也。……一曰：禽兽曰囿。"认为"囿"是有围墙的园子，或者是狩猎禽兽的场地，这种"囿"在后代也称作"围场"。

种植作物需要划定边界，饲养动物就需要修造圈舍了，那就是"圈"（juàn）字了。《说文》："圈，养畜之闲也。从'囗'，'卷'声。"（这里需要解释一下"闲"字，"闲"是一个会意字，门中有木，本义是围栏。后来的"闲"表示闲适、空闲等意义是假借为"閒"字。）据说早期某些地区的居民养猪，会建双层房屋，人住在上层，下层养猪，同时兼作厕所，所以猪圈就有厕所的意义，这就是"圂"（hùn）字了。《说文》："圂，厕也。从'囗'，象豕在囗中也。""豕"就是猪。而以"圂"做声符的"溷"（hùn）字，即为混浊之义。

田地、畜舍要围起来，扩而大之，领主统治的疆域也要围起来，这就是"国"字了。"国"的繁体写作"國"，《说文》："國，邦也。从'囗'，从'或'。"为什么说"从'或'"，而不是"'或'声"呢？因为这个"或"字也是表

· 182 ·

义的。《说文》:"或,邦也。从'囗',从'戈',以守'一'。'一',地也。"许慎把"或"字与"國"字都解释为"邦也",显然认为它们是同一个意思。其实,"或"字的本义就是國,里面的小"口"其实也是"囗"字,表示围起来的一片疆域,需要战士扛着武器("戈")去守卫它。"或"字的小篆字形作戜,许慎认为"囗"字下面的"一"表示土地,而在早期的金文中,"或"写作戜、戜、戜,可推测小篆中的"一"也只是划定疆域的标记。"或"字在早期表示"國"的意义应该是很明确的,而由"或"加"土"组成的"域"字,表示领土范围、疆域的意义,也可以证明这一点。后来,"或"字被假借表示"有的人""或者"等虚词义,那个小"口"表义也显得不明确,就在其四周又添加了一个大"囗",形成了新的"國"字了。一个国家的疆域很大,一般只能议定界限,立碑为证,或于险要处设防。若是一座城,就有可能修筑城墙,设置工事,严密防范了。这样的城就可以用"固"字来形容了,"固"字的本义就是防御坚固。

"国"已经是相当大的一片土地,但"囗"还可以表示比国更大的,那就是罩在地上的天所围起来的,就是"圜"字了。《说文》:"圜,天体也。从'囗','睘'声。"这个"圜",就是我们今天还在用的"寰宇"了。与"圜"字义相近的字,在《说文》里还有"团"(圜也)和"圆"(圜全也)。天之"团""圆"是比较抽象而完满的,后来"团""圆"二字也基本上表示与圆形、球形相关的抽象概念。

将资产、领地围起来，着实能有所保障；但从另一个角度来看，被围起来的一方却也有着负面色彩，就是自由被限制住了。这种情况的极端就是被投入监狱。表示畜舍的"牢"字后来就专用来表示监狱，不再关牛马羊，而是关人。同时也有"囗"中关人的字，那就是"囚"了。若从字形上推理，"囚"字正与"牢"字相对应，应该表示关人的监狱。但是实际情况并非如此，"牢"字成了关人的监狱，"囚"字则表示被关在里面的人。文字的理趣正在于此，有理可寻，有法可依，但又并非整齐划一，完全循规蹈矩。

有个字跟"囚"字看起来很像，就是"因"字。我们前文常说，"大"在象形上与"人"是一个意思，那么这个"因"字从字形上来看也应该跟"囚"字是一个意思。事实或许也可能如此，据说上古有个词叫"因诸"，是"齐故刑人之地"。（《公羊传·昭公二十一年》）而"因"用作虚词，表示"凭借""因此"等意义则可能是语音的假借。

此外，以"囗"做部首的字也有表示监狱的，就是"囹圄"了。这两个字都是形声字，《说文》："囹，狱也。""圄，守之也。"解释得差不多，而两字实际上主要是连用，合起来表示监狱的意义。有时，"身陷囹圄"所形容的并不一定是真的被投入监狱，而是比喻陷入了窘迫的境地。同样，"画地为牢"中的"牢"字也是如此。

自由被限制的感受，用"困"字来形容是最好不过了。"困"的字形很明白，就是把一个"木"字给围起来。"木"显然是树木，为什么把树木给围起来就能形容自由被限制了呢？事实并不是这样简单。《说文》："困，故庐也。从'木'在'囗'中。"说"困"的本义是旧房舍。旧房舍跟围困义有什么关联呢？我们可以看看段玉裁《说文解字注》中的解释：

> 庐者二亩半，一家之居。居必有木，树墙下以桑是也。故字从'囗''木'。谓之"困"者，疏广所谓："自有旧田庐，令子孙勤力其中也。""困"之本义为止而不过，引伸之为极尽。《论语》："四海困穷"，谓君德充塞宇宙，与"横被四表"之义略同。苞注曰："言为政信执其中，则能穷极四海，天禄所以长终也。"凡言"困勉""困苦"皆极尽之义。

段氏这段解说可谓精妙，因为古时"庐"表示的就是一家的房舍，占地二亩半，墙下必种有桑树，所以"困"字从"囗""木"。他又引疏广的话："自有旧田庐，令子孙勤力其中也。"说"困"就是一个围起来的界限，可以让人安于其中。而有界限则必然可以穷尽，所以"困"又引申为穷尽义。《论语》中的"四海困穷"句出自《论语·尧曰》，记录的是尧对舜说的话：

天之历数在尔躬，允执其中，四海困穷，天禄永终。

　　也有人说"困"是"梱"的本字，本义是门槛。如果这样的话，"困"的本义就不是把木围住，而是围住人的木了，这也能引申出围困、限制的意义。

行行重行行

我们知道,一个字常常包含有多个不同的意义,这是文字的复杂之处,也体现出文字的奇妙与丰富。"行"字在这方面就颇令人惊叹,很值得说上一说。

"行",《说文》:"人之步趋也。从'彳',从'亍'。"("彳"音chì,"亍"音chù,在《说文》中都解释为行走,象人腿之形。从音义上看,"彳亍"应该就是"踟蹰"了。)许慎认为"行"的本义是行走,但古文字的发现并不支持这个观点。"行"的甲骨文字形作 、 等,很显然是十字路口的形状,所以"行"的本义应是道路,是个象形字。"行"的道路义要读成háng,在早期的文献里有使用,比如《诗经》中,《周南·卷耳》的首章:"采采卷耳,不盈顷筐。嗟我怀人,寘彼周行。"写的是女主人公在路边采摘卷耳,许久也采不满手中的筐,因为心中忧虑,怀念远方的人,不觉叹息,停下手中的活,把筐放在大路上。《诗经》的好处就在于不假文饰,直指人心,简单的几句话,就把人带入那忧伤的情境中。这里的"周行"就是"大路"的意思,之所以在大路上放下手中的筐,是因为大路往往都是远行的起点,很可能是女主人公与离人告别的地方,或者至少是她驻足远眺,盼望离人归来的地方。

"行"的道路义很早就不再使用,与道路的"行"(háng)同音,还有"行列""行业"等意义。这些意义的引申线索很难说清,但也可以联系起来。道路是一条直线,会令人联想到排列的形象,那就是"行列"的行了。而"行伍",是指部队里的编制,古人解释是五人为"伍",二十五人为"行"。这二十五人,大概就是一长排了。《左传·隐公十一年》里郑伯攻打许国,大夫颍考叔举着郑国的旗帜登上许城,却被与其争功的子都从下面射死。郑伯并没有追究子都的罪责(大概他不愿得罪子都,而且颍考叔之前也太过嚣张),而是下令:"卒出豭,行出犬、鸡,以诅射颍考叔者。"杜预为这句话作注说:"百人为卒,二十五人为行。行亦卒之行列。"明确地说"行"就是行列义。"行业"的"行"也来自行列义,商贩营业往往在市场内沿路摆摊,也是一排一排,于是交易处也就称为"行"。唐人有"肉行"之称,今天还有"商行""银行"等用法,成语"欺行霸市"中的"行"也是此义。而由交易场所的"行"自然而然地就能引申出"行业"的"行"了。

道路是供人行走的,"行"有了行走的意义,也是相当早的事情。对于不同步速的行走,古人的说法和今天不大一样。

"室中谓之时,堂上谓之行,堂下谓之步,门外谓之趋,中庭谓之走,大路谓之奔。"(《尔雅·释宫》)可以看出,上面的"时""行""步""趋""走""奔"都表示徒步行进,速度则由慢至快。"时"是慢走,"行"和"步"是中速,"趋"则是快步,相当于小跑,"走"和"奔"就是跑步了。这样看来,《说文》里把"行"解释成"人之步趋也",比《尔雅》的解释要快些的。

春秋时期的"行",有几个习用的情境,很有意思。其一是外交上的出使,使者往往被称为"行人"或"行李"(也写作"行理"),在春秋记载中常见。

其二是迫不得已而离开自己的国家,远走他国。《左传》中有"宫之奇谏假道"的故事,说晋国两次借道虞国去攻打虢国,虞国国君都答应了。虞国大夫宫之奇在晋国第二次借道时极力劝谏国君,说"辅车相依,唇亡齿寒",虞国与虢国的关系就如同辅(面颊)与车(牙床),嘴唇与牙齿,晋国若攻灭了虢国,回师之时必然就会轻松灭了虞国。最终劝谏未果,宫之奇知道虞国不会长久了,便"以其族行",率领他的族人们投奔他国去了。

其三是出嫁。《诗经》中说:"女子有行,远父母兄弟。"这个"行",就表示出嫁了。同在《诗经》里,"女子有行"与"之子于归"是完全相同的意思,却用了不同的动词,原因是叙述视角的不同。"归"是站在夫家的角度来看,出嫁就如同回家,所以说"之子于归,宜其室家";而站在娘家的角度看,出嫁就是远行了，若是诸侯嫁女，就是出国了，所以说"女子有行，远父母兄弟"。

上面三种情况，"行"都含有距离遥远的意味，"行"在后来也就常用来表示远行。远行是艰苦的，所以乐府诗中有个题目就叫作"行路难"。而《古诗十九首》中脍炙人口的第一首，开篇便是："行行重行行，与君生别离。"连用了四个"行"字，就到了"相去万余里，各在天一涯"的境界了。一句诗里仅五个字，就用四个"行"字，真可以说是达到极限了。若把"行"字换成现代常用的"走"字，就是数年前某个流行歌曲的一句歌词"走走走走走啊走"了。那首歌唱的也正是游子的艰难、疲惫和孤独。时隔近两千年，人们的表达方式还是如此的相似。

行走义若再往抽象里引申，就是"行动"的意义了。古人没有为抽象的"行动"另造一个字，也没有用上面我们提到的"步""趋"等表示行走的字，或者表示其他动作的字，而是最终选择了"行"字。"行"字更上了一层，既是历史的偶然，也可以说是命运的必然。必然的规律，正蕴含在偶然的选择之中。

"行"字表示了"行动"，就有了形而上的意味，有了更广阔的延伸空间。行动的主体若是客观事物，就是"运行"的行了，《论语》里说"四时行焉，百物生焉"，就是这个意思，而我们熟悉的"五行"也正包含客观物质相生相克、运行不息的道理。行动与对象相搭配，就成了"行使"的"行"。这个意义组成的词语，还留存在现代汉语和成语中，比如"行政""行凶""行侠仗义"等。"行动"的本身就是"行为",如同考试的答卷,行为也成了评价一个人的标准,就是"品行""德行"的"行"了。行为与"言""知"形成对立,于是就有了"言行一致""知行合一"的理想和追求。而行为与"言"和"知"的对立,还表现在所说、所想能不能实现,有没有现实的意义,这样,能就是"行",不能就是"不行"了。

抽象意义的"行",与"行列""行业"的"行",我说得都还不很全面,只是略述梗概、粗陈印象罢了。这些都是我们今天所常用的,如此丰富而生动的表达,我们似乎已经因为习惯而不觉察了。若条分缕析,相互贯通,必然会发现其中的生动与清晰之处。总之,思考、分析我们的语言和文字,确实有助于锻炼我们的逻辑思维能力。

军旅与行旅

"旅"字在今天主要有两个用法,一个是军旅,表示部队;另一个就是旅游,近年来旅游已成为一个流行的风尚,其不可当之势,令各行各业各阶层的广大人民群众都卷入其中,难以抗拒。军旅与行旅,这两种意义乍看起来似乎相距甚远,实则有着内在的逻辑关系。而"旅"字在历史长河中所发生的意义与色彩的演变,难免会令人生出一些古今之叹。

"旅",小篆字形作 㫃,《说文》:"军之五百人曰'旅'。从'㫃',从'从'。从,俱也。""旅"是个会意字,本义就是部队的编制,即"五百人曰'旅'"。字形是由"㫃"(音 yǎn,表示旗帜)和"从"(表示跟随)两部分组成,即跟随着旗帜的人们,表义相当明确。中国早期部队的编制,据说自下而上有"伍、两、卒、旅、师、军"六层,《周礼》:"五人为伍,五伍为两,四两为卒,五卒为旅,五旅为师,五师为军。"如此,则五人为伍,二十五人为两,一百人为卒，五百人为旅，二千五百人为师，一万二千五百人为军。

"旅"因着在部队中是较大的编制，引申出众多的意义。有个成语叫"旅进旅退"，出自《国语》。越王勾践忍辱休养生息后，在反攻吴国之前的动员会上，说："吾不欲匹夫之勇也，欲其旅进旅退。进则思赏，退则思刑，如此则有常赏。进不用命，退则无耻，如此则有常刑。"这话说得非常明确，就是要众人遵守军纪，一致行动，而保证其实现的方法就是赏罚分明。所谓"常赏"与"常刑"，就是严格不变的奖赏与刑罚。这里的"旅"就是指众人，因为话题的主旨是表现众人行动一致，就常被解释为"共同"了。

大部队的行动，不管是征讨他国还是戍守边疆，往往都是外出作战，不光要长途跋涉，还居无定所，要长期驻扎在外地，所以也称作"行军"。如此，则军旅与行旅就有了联系，"旅"字就有了离家在外的意义。"旅"字的行旅义也起源甚早，《周易》中有一卦就名为"旅卦"，言："旅，小亨，旅贞吉。"孔颖达的正义中解释说："旅者，客寄之名，羁旅之称，失其本居，而寄他方，谓之为旅。既为羁旅，苟求仅存，虽得自通，非甚光大，旅之义，小亨而已，故曰'旅，小亨'。"

《周易》将"旅"作为一个卦名，可见旅行在古人看来是一种很重要的状态。但古人并不认为旅行是一件愉快的事，孔颖达的话色彩很鲜明，"旅"是客寄他方，"苟求仅存"，所以充其量也就是"小亨"了。（"亨"就是我们今天说的'亨通'）。

古时交通不便，信息闭塞，出门旅行条件艰苦，环境危险，又耗费甚多，所以一般情况下，普通百姓的一生都不会跟旅行发生关系。往往只有迫不得已，才需要旅行，比如遇到灾荒、战乱，或逃避仇家、刑罚等，这些显然都是极不好的事了。

若非普通百姓的旅行，则通常都是事务性的，比如，官吏要去外地赴任，去外国出使；士子为了谋取功名而去投师、赶考，等等，最频繁的要数经商的人了。经商的人一般称作"商"或"贾"（音gǔ），在古人的观念中，两者还有分工的不同，所谓"行曰商，坐曰贾"，商往来于各地，实现不同产地货物的交换，以赚取差价；贾则是坐地开店，利用其资本优势，囤积货物，贱时买进，贵时卖出，以赚取差价。如此，就只有商人跟旅行有关了，所以就有了"商旅"的说法。

春秋战国时期，有那么一类旅人，为了自己的才能得以施展，政见得以施行，到各诸侯国去游说。这也是一时的风尚，不光纵横家苏秦、张仪之流，就连著名的儒家代表孔子、孟子，也曾有过这样的经历。据说孔子周游列国的旅途中，还曾困于陈、蔡之间。历史上记载这种事为，通常不用"旅"字，而用"游"字，这两个字，正组成了今天的"旅游"一词。这里不妨也说一说"游"字，"游"的来历有些复杂而难以确言。《说文》："游，旌旗之流也。从'㫃'，'汓'（音qiú，表浮在水上义，也写作'泅'）声。"是说"游"的本义是旌旗下面的那排长条形的飘带，其形象在古装剧里面经常会看到。这个字的正体写作"斿"（音liú），早期文献中经常写作"游"。字形上"游"跟旗帜关系很密切，但从读音来看，"游"也应与水流有关。许慎说"旌旗之流"，可见旗帜下的飘带也正是取其随风飘摆，形似水流之义。所以，"游"表示水流（今天还在使用，如"上游、中游、下游"），以及在水流中漂浮、游泳也就很自然了，"水之流"和"旌旗之流"是相通的。至于表示行旅的"游"，是来自旌旗还是游水，就难以说清了。跟随旗帜的"旅"字能发展出行旅之义，旗帜下面的飘带"游"字或许也会受其影响；出门在外的人似水流走，在水中漂浮也与在外旅行有着同样的感受，我们现在也常称离家远行为"漂流在外"。

在古代，表示在外旅行的"游"又常写作"遊"，"辶"（音chuò，表行走）部之于"氵"部，"遊"跟"游"就有了陆上与水中的区别。我们熟悉的《西游记》古时就写作《西遊记》。

旅途是艰苦而不如意的，所以古人还有"羁旅"和"逆旅"之说。所谓"羁旅"，人常训"羁"为"寄"，取寄人篱下之义；若单从本义上理解，身为旅途所羁绊，也能说得通。"逆旅"本指旅馆，"逆"表示迎接（"逆"是与对方向着相反的方向行进，若与对方面向，就是越来越近；若与对方背向，就是越来越远。所以逆既能表示迎接，也能表示违背。在汉语的早期两种意义都常用，后来迎接的意义渐渐不用了），迎接旅人的地方就是旅馆了。因着"逆"有违背、不顺的意义，"逆旅"也常包含了漂泊在外的不如意的那一层意思了。

但不管怎样，经历过旅行的人见闻之丰富，是常人远不能及的。信息不发达的时代，平民对于外界的了解大都来自见多识广的旅人。同样，古代也有纯粹爱好游山玩水的贵族，也有著名的景点，现代意义上的旅游古已有之，只不过很少有人为了旅游长途跋涉，大都相当于郊游而已。现如今信息爆炸，交通便利，一个人所能知晓的事情，所能到达的地方，都是古人无法想象的了。不过，随着旅游的人数增多和时间的相对集中，景点的拥挤也成了古人想象不到的一个新风景。随处可见的旅行团，导游举着旗子，后面跟随着一群人，竟然又回到"旅"字的字形本义上去了。

牢与家

"牢"与"家"都是我们非常熟悉的字,但一般情况下我们都不会把这两个字联系在一起,因为它们在实际使用中基本没有交集,除非某些特殊的修辞用法,比如有些描写少年叛逆或中年出轨的小说,会把家庭比喻成一座限制自由的牢笼之类。不过,我们若将两字的字形稍加对比,就会发现其中的微妙之处——两字上部相同,下部的"牛"与"豕"(即猪)也同为动物——如此相似的两个字,一个是关押犯人的恐怖牢狱,另一个却是蕴含着人世间最亲密关系的温暖的家。这难道不是一件奇怪而令人费解的事吗?

我们先说较容易理解的"牢"字吧。《说文》:"牢,闲,养牛马圈也。""闲"字的本义就是围栏,那么"牢"字本义就是畜类的圈舍了,字形是用"宀"将"牛"围起来,而甲骨文中"牢"字有 ⦿、⦿、⦿ 等字形,其中被围起来的不只是"牛",还可以是"羊"和"马"。因为早期的文字不统一,不管里面关的是牛还是羊、马,都可以表示畜类的圈舍,后来经过竞争和规范,就统一用牛来表示了。

由豢养动物的圈舍到关押犯人的监牢,这里面的联系不可谓不紧密,于是,后来的"牢"字就固定在"监牢"的意义上,历千年来没有改变。而监牢稳固、严密的性状又引申出形容词和副词的用法,就是"牢固""牢牢地"之类了。这些都是我们常用而易理解的。

我们再看"家"字,其实,"家"的部首与"牢"并不相同。"家"的部首"宀"(读mián),小篆作𠆢,《说文》:"交覆深屋也。"字形表示覆盖在上方的屋顶及四壁。而"牢"字中的"宀"则表示环绕在周边的围栏,因为隶定的缘故,后来楷书中写成了字形相同的"宀"。许慎并没有把"牢"字中的"宀"当作部首,所以在《说文》中"牢"字属于"牛"部,而不是"宀"部。

畜舍也并不一定没有顶棚,有段时期知识分子蒙难,不就有"关牛棚"一说吗?("关牛棚"的说法确实巧妙,因为从字形上论,牛棚可以说就是"牢"了,虽然没有被关进真实的牢里,但用牛棚来影射,也给人一种精神上的打击。)汉字中也有一个部首表示有顶棚的畜舍,那就是"厂"(读yǎn)部了,"厩"字中的"厂"就是马棚。不过,覆盖上面的"厂",仍不如"宀"之严密,从这一层面来说,"家"的部首"宀"更能挡风遮雨,给人以更多的安全感。

可是,"家"字的"宀"的里面并不是人,而是"豕",这就颇令人费解了。其实这也是一个困扰中国文人千年的问题。《说文》:"家,居也。从'宀','豭'省声。"许慎是把下面的"豕"字当作声符来解释的,显然他认为"豕"字不能表义:这么好的房子,里面住的怎么能不是人,而是猪呢?既然不能表义,那就只能解释成表声了。这可以说是一个比较取巧的策略,但也过于牵强。因为"豕"字的读音也与"家"字相去甚远,所以许慎说成是"豭"省声,即下面的声符本是"豭"字,因为太复杂,就省略了写,只保留左边的"豕"字了。这种解释从情理上实在难以令人信服,所以一向信守许说的段玉裁也不以为然,他在《说文解字注》中说:"按:此字为一大疑案。'豭'省声读'家',学者但见从'豕'而已。从'豕'之字多矣,安见其为'豭'省耶?何以不云'叚'声,而纡回至此耶?"若要表声,用"叚"字才合理,而且也没见过别的字里有"豭"省声作"豕"的例子,许慎的说法实在难以接受。

段氏又说:"窃谓此篆本义乃豕之居也,引申假借以为人之居。……豢豕之生子最多,故人居聚处借用其字。"段氏的意思是"家"字的本义就是猪圈,引申为人住的家。他还解释了原因,猪在家畜中生子最多,所以借猪圈表示人家,有多子多孙的含义。猪圈引申为人家并非不可能,"牢"不正是由牛圈引申作监狱,两者完全可以类比。古人崇尚生育,也是不争的事实。《诗经》里能以螽斯(蝗虫类)为喻,祝福人多子多孙:"螽斯羽，诜诜兮。宜尔子孙，振振兮。"汉字中若以猪为喻，也无可厚非。

"豕"不能解释为声符，大抵就只能解释成表义了，而段玉裁的解释可谓稳妥圆融，不过其中还有些可以玩味的地方：其一，表示猪圈的字还有个"圂（音hùn）"字，这个字似乎更符合畜舍之义，因为猪圈并不需要"宀"那么完备的屋顶四壁。若"家"的本义是猪圈，那相比于牛棚马厩，以及"圂"字所表示的猪圈，都是高级得多的了。为什么要有如此郑重的猪圈呢？其二，猪牛马的圈舍皆有本字，甚至猪圈还不止一个，而表示人居的家却要由猪圈来引申，这似乎总让人心里有那么一些不舒服的感觉。

那么，除了"豕"字表声与表义，是否还能做其他解释呢？宋人戴侗在《六书故》中提出了一个颇有创意的观点。戴侗认为"家"的下部并不是"豕"字，而是"众"字，写作🏠。"三人聚宀下，家之义也。"三个"人"字讹为"豕"字并不是没有可能，我们看"众"字的繁体写作"衆"，下部就是三"人"组成，也就是简体的"众"了，这种写法与"豕"字已经颇为相似了。若真的是三个"人"字讹作"豕"字，比起"豭"省声和"豕"表义的解释似乎都要靠谱得多了。

但事实并不支持戴侗这最靠谱的解释，甲骨文中的"家"作🏠、🏠等形，证实了"宀"的下面并不是三个"人"字，而的的确确是"豕"字。而甲骨文中"家"有表示宗庙的意义，也给

200

人以启发："家"的本义或许就是宗庙，并由此引申出家族、人家的意义。"豕"是宗庙祭祀里的供品，"家"字下面用"豕"就顺理成章了。上古时大夫有自己的封地，一般称作"采邑"，也称作"家"，这似乎也能与"家"的宗庙义连上关系，因为"豕"在祭祀中并不是最尊贵的，其地位在牛、羊之下，但牛、羊一般都是天子、诸侯祭祀所用，大夫祭祀以豕就可以了。如此，大夫的采邑称作"家"正符合以豕祭祀的规制。

　　"家"并不是猪舍，而是以猪作为祭品的宗庙，而宗庙必然建设完备，所以"家"使用"宀"部也就合情合理了。

猿猴、猩猩与狒狒

动物中跟人类相似的，有猿猴、猩猩、狒狒等。今天我们就说一说跟它们相关的汉字，看看历史上的中国人是如何看待这些动物的。

在《三代之大》一文中我们说到"夒"（náo）字，《说文》的注释是："贪兽也。一曰母猴，似人。"（这个"母猴"并不是雌猴的意思，后人考证"母猴"就是"沐猴而冠"中的"沐猴"，也就是猕猴。）"夒"在当时的常用义就是"母猴"，《说文》解释"猴"字说："猴，夒也。""夒"又写作"猱"，就是李白《蜀道难》中"猿猱欲度愁攀援"的"猱"字。"夒"是象形字，"猱"是形声字，两者造字方式不同。

与"猱""猴"一样，"猿"字的常见写法也从"犬"，不过在《说文》里却是从"虫"，"爰"声，写作"蝯"。古时还有"猨"字，也表示猿猴的"猿"。也就是说，"蝯""猨""猿"三个字是同一个意思。"蝯""猨"中的

"爰",不仅作为声旁,还表示意义,《尔雅》中说"猱蝯善援",猿猴善于攀援,所以写作"蝯""猨"。而"猿"字,则只是单纯的形声字了。后来,这个单纯的形声字被更多的人所接受,战胜了其他两个字,成了规范的汉字写法。至于"蝯"字从"虫",则是一件比较奇怪的事情。从"虫"的字主要与昆虫(如蚊、蚁、蛾)、爬行动物(如蜥蜴、蛇)或水生甲壳类动物(如虾、蚌)有关,正如许慎所说:"物之微细,或行、或毛、或赢、或介、或鳞,以虫为象。"(这句话大体意译过来便是:微小的动物,有长着成排的脚的、有长着绒毛的、有表面光滑的、有覆盖着甲壳的、有覆盖着鳞片的,都可以用"虫"字象形。)很少有大型的哺乳类动物从"虫"的,《说文》中仅有两例,一个是"蝯",另一个是"蜮"(短尾狐)。

　　《说文》犬部里还有一个"貜"字(读jué),也是"猕猴"的意思。《说文》注:"《尔雅》云'貜父善顾',攫持人也。"《尔雅》里的这句话是与"猱蝯善援"相并举的。"蝯猱善援,貜父善顾。"从行文上来看,是将同属于猿猴类的动物相对比。"顾"是回头看的意思,对于"善"字古人倾向于解释成习惯、喜好的意义,说貜父动不动就回头看,不知是因为没有安全感还是因为自己做了坏事,总之是不那么正大光明的行为。貜父在人们眼中是一种凶猛的恶兽,因为它会"攫持人",也因"攫"字而得名。看着"貜父善顾"这句话,我脑中不免会浮现出阴森的一幕:一个黑乎乎的大猿猴,后背对着你,屁股一摇一摇的,胳膊下面夹着个两脚乱蹬苦苦哀求的人,边走边回头看,邪恶的眼神中透露出一丝淡定的得意。

郭璞给《尔雅》作注只说玃父会玃持人,而《搜神记》中的描述则更全面而细致。《搜神记》中说:玃父生活在蜀中西南的高山上,专门挟持路过的年轻妇女,为其生子。如果年轻妇女没有生下小孩,就终身不放归家,十年过后,那些没生下小孩的妇女就变得与玃父形貌相似,也不再想着回家了。如果年轻妇女生下小孩,玃父就将其送回。妇女回家后要把小孩抚养长大,否则就会死。而小孩长大后和正常人一样,并无分别。

这是一个阴险而恐怖的故事,以至于令人费解为什么会产生这样的故事。学者从故事里找到了异族通婚的证据,我却更纠结于另一个恐怖的细节——生不出小孩的妇女十年后就变得与玃父无异,而玃父又如此执着于生子——这似乎暗示着玃父其实是无生育能力的妇女变成的,因为备受歧视,怨魂郁积成精,就窜入山中,变成了玃父。

"猿"("猨")的声符表示善于攀援,"玃"的声符表示玃持人,"猴"的声符表示什么意义,就很难考证了,也许是来自猴子的叫声,也许并没有什么特殊含义。不过,正因为"猴"以"侯"为声符,而"侯"在古代是尊贵的字,是五等爵位之一,所以"猴"也沾上了些尊贵的暗示。民间图画中有猴子骑马,寓意马上封侯;还有一只猴子骑在另一只猴子的背上,寓意辈辈封侯等。《太平广记》中收集的关于猿猴的故事,也有利用其与"侯"字相关的,如有个出自《广异记》的故事讲巴蜀西部山中有一个巨猿成精,变化人形,号"巴西侯"。这个巴西侯虽然在故事中彬彬有礼,热情款待主人公,但也并非善辈,它联合熊精、虎精、鹿精等,占山偷掠,得真珠缯帛无数。

猿猴与人的相像,古人是了解的,所以会有玃父掠人的传说,会有人蓄养猴子模仿人类杂耍取乐,还有"沐猴而冠"这样的成语,这个成语来自《史记》,是说项羽据关中时,有人提议:关中地势险要,土地肥沃,可建都成霸业。项羽却不同意,只想东归回故乡,项羽说,富贵不归故乡,如衣锦夜行,谁能看得到呢?因为这件事,就有人在私下里议论,说项羽头脑愚蠢,目光短浅,就像"沐猴而冠"(猕猴带着帽子),无可救药了。

猿猴也是人们比较常见的动物,所以会有"猿""猴""猱""玃""狖"等多个字都与其有关。此外,《说文》中还有个"禺"字,是个象形字,也表示猿猴的意思。更令人感到惊奇的是,我们熟悉的"为"字(繁体写作"爲"),《说文》的解释是"母猴也",也是个象形字。至于"为"字表示作为、行为等意义,则是语音的假借。

相比于猿猴,猩猩和狒狒在古人的记载中就不是热门关键词了,这大概是因为人们很少见到它们。"猩"字,在《说文》中并没有提到猩猩的意义,而是解释为"犬吠也"。这样看来,"猩猩"的得名,大概也是模仿它的叫声了。"猩"还有个异体的写法"狌",也是形声字。古人关于猩猩的记载不多,也没有抢掠的故事，但却突出了其聪明与滑稽。《朝野佥载》说猩猩"如美人，解人语，知往事"，这就是个很正面且颇有些神秘的评价了。滑稽的是，猩猩嗜酒，有人用酒引诱它，猩猩开始会大骂"诱我也"，转身就跑，但却禁不住诱惑，去而复还，不一会就喝醉了。更有趣的故事是：有人抓了上百只猩猩，关在笼里。有一天这人想杀一只猩猩吃，笼子里的猩猩们就推选最肥的那只出去，还在旁边流泪相送。这滑稽的场景中不免透露出些许无可奈何的悲凉。

狒狒在古人记载中更少。《说文》并没有收入"狒"字，《尔雅》中说："狒狒如人，被发，迅走，食人。"古人也承认狒狒跟人长得很像，而"被发"则相当形象，说狒狒头上的毛很长，披散着，如同人披头散发。狒狒也是凶兽，能吃人，但在古人看来狒狒又很蠢，蠢到吃人都吃不好。郭璞注《尔雅》说："狒狒怪兽，被发操竹。获人则笑，唇蔽其目。终亦号啕，反为我戮。"说狒狒抓到人会大笑，可是因为它嘴唇太长，以至于笑的时候上唇都把眼睛给挡住了。眼睛被挡住，还不小心些停下笑，竟至笑到号啕，最终反被人杀掉了。这个动物看起来好像不是来吃人的，而是专门来搞笑的一样。

多识于鸟兽草木之名

孔子说,读《诗经》可以"多识于鸟兽草木之名"。其实归根结底,这些名字还是通过汉字来记录的。所以也可以说,熟习汉字,可以"多识于鸟兽草木之名"。古人的动植物知识如同天文学知识,是非常丰富而实用的。这里,我们就结合"鸟""兽""虫""鱼""草""木"几个字(我增加了虫、鱼二类,更清楚一些)以及其相关的分类,聊聊里面有趣的汉字。

《说文》:"鸟,长尾禽总名也。象形。鸟之足似'匕',从'匕'。""长尾禽总名"的解释,是跟"隹(音zhuī)"字相对应的。《说文》:"隹,鸟之短尾总名也。象形。""鸟"与"隹"都是象形字,"鸟"的小篆字形作 ![], "隹"的小篆字形作 ![], 看起来似乎有长短尾的不同。不过,从更早期的甲骨文字形来看,如"鸟"作 ![], "隹"作 ![], 并不能看出长短尾的区别。在汉字实际应用中,"鸟"与"隹"(主要用作部首)也没有长尾与短尾的严格区别，而且还会有通用的异体，比如我们熟悉的"鸡"字，古时可写作"鶏"，也可写作"雞"，它是长尾还是短尾呢？

"鸟"与"隹"是表示鸟类动物的两个形状不同的象形字，在它们作为部首所统摄的字里，似乎还存在着一些不同的分工趋向，鸟部中的字基本都是具体的鸟类名称，而隹部中的某些字则是跟鸟相关的比喻义。

鸟部的字，我们只说说那首屈一指的"凤"（繁体作'鳳'）。凤是传说中的百鸟之王，古人有"百鸟朝凤"之语，其尊崇地位在《说文》中也表现得非常明显。《说文》："鳳，神鸟也。天老曰：'鳳之象也，鸿前麐后，蛇颈鱼尾，鹳颡鸳思，龙文虎背，燕颔鸡喙，五色备举。'出于东方君子之国，翱翔四海之外。过昆仑，饮砥柱，濯羽弱水，莫宿风穴。见则天下大安宁。从'鳥'，'凡'声。""鳳"是个形声字，"凡"为声符。《说文》中的解说很长，可分为两部分，前半部分是天老的话，天老是传说中黄帝的大臣，他的话出自《韩诗外传》，故事讲的是黄帝即位后，政治清明，宇内和平，却从未见过凤凰。于是黄帝就召大臣天老来，问：凤凰是什么样子？天老说：凤凰的样子呀，前面看像是鸿鸟，后面看像是麒麟，颈如蛇，尾如鱼，身有龙纹，背有虎纹，下巴似燕，嘴似鸡。古人神化的动物，往往集合了各种不同动物的形象，龙、麒麟都是如此，凤也不例外。天老又说：天下有道，凤凰就会出现。根据（君主政治）与道的符合程度，凤凰出现也有不同程度的五种表现形式，即"过"（飞过）、"翔"（回翔）、"集"（停留）、"春秋下之"（停留一轮春秋，即一年）、"没身居之"（隐身长久居留）。黄帝听了天老一席话后，斋戒朝服，恭恭敬敬地迎接凤凰。于是凤凰来了，停息在黄帝的梧桐树上，没身不去。凤凰的出现是有政治象征意义的，所以古人歌功颂德的文章中常常有"有凤来兮"这样的意象。

《说文》解说的后半部分则是对凤凰行迹的神话性的描述，以传说中的地名来渲染凤凰的神奇。凤凰出自东方君子之国，在遥远的四海之外翱翔，在昆仑神山上飞过，在大禹治水时曾凿开河道的砥柱山间饮水，在弱水河中洗浴羽毛，晚上（"莫"即"暮"字）则在孕育风的风穴中休息。真是不得了呢！

隹部字表示比喻义的很多，也相当有趣，上面天老所言凤鸟出现的形式中，有一种是"集"，即停息之义，这个"集"字在《说文》中写作"雧"，注："群鸟在木上也。从'雥'（音zá，以三个'隹'字会意，表示群鸟），从'木'。"群鸟在木上，本身就包含着两重意味，一是集合，二是停息。"集"字也就有了这两种意义。群鸟有"集"，二鸟则有"靃"。"靃"在《说文》中写作"靃"，注："飞声也。雨而双飞者，其声靃然。""靃"的本义就是鸟飞的声音，古人用"靃靃"模拟鸟扑棱翅膀飞起的声音（也包括与之类似的声音）。之所以写成两只鸟，不过是为了表示比一只鸟的声音更大而已。所以这里的二鸟，也可以理解为群鸟了。

真正确实表示两只鸟的是"雙"（简体作"双"）字，跟"隻"（简体作"只"）字相对。两个字的下部都是"又"，表示人手。一手抓着一只鸟，就是"隻"字；一手抓着两只鸟，就是"雙"字了。这与"秉"与"兼"是同样的原理，只是手里抓着的东西不同罢了。

而有些字，最初大抵都是鸟的名称，后来假借作别的特定意义了，也大都在隹部。如"離"（简体作"离"）字，本就是一种鸟，《说文》认为就是仓庚。假借表示遭遇、别离，鸟的意义就不用了。再如"雇"字，本也是一种鸟，《说文》解释为"九雇，农桑候鸟"，假借表示雇佣，鸟的意义也就不用了。在后面《"易"与〈易〉》中，我们会说到《说文》中"易"字的本义是蜥蜴，那它表示容易就是假借了。而与之相对的"难"字，（繁体作"難"），本义也是一种鸟。蜥蜴与鸟，对应易与难，也算是绝配了。

"兽"这个字，在《说文》里有些麻烦。

"兽"，繁体作"獸"，《说文》："獸，守备者。从'嘼'，从'犬'。"这个解释会让人一时摸不着头脑，而且从中还会看到"獸"字所从之"嘼"，似乎跟今天简体的"兽"字更为接近些。"嘼"字是什么意思呢？

"嘼"，小篆作 嘼，《说文》："嘼，牲也。象耳、头，足厹（音róu，相当于'蹂'字，表兽足踩地义）地之形。"《说文》中"嘼"是个象形字，字形所象其实就是动物。许慎用来解释"嘼"的"㹌"字，意义则与"产"字差不多，只是专指畜产，也就是牲畜方面的物产。段玉裁《说文解字注》认为"嘼"字是指豢养的牲畜，其实就是"畜"字，而"獸"字则是野兽的总称。不过，虽然《说文》中有这样的区别，但其实古人极少使用"嘼"字，一般都用"獸"字。所以跟我们今天的"兽"字对应的也只是"獸"字。

那么，"獸"字在《说文》解释为"守备者"，该如何理解呢？段玉裁说："能守能备，如虎豹在深山者也。"他认为《说文》释义是音训，也就是说"兽"字的意义来自音近的"守"字，虎豹在深山，能守住自己的地盘。若如此论，倒不如说野兽是人防守的对象，要更合理一些。

对于"獸"字，古文字的字形解释则与《说文》不同。"獸"甲骨文作🐾，由狩猎的工具和帮手（犬）组成，表示的就是狩猎义，而由此引申为狩猎的对象，也即狩猎的成果，就是野兽了。这样看来，《说文》中的"嘼"字其实也可以解释为狩猎的工具。

由狩猎引申至狩猎的对象，并不只"兽"字如此，另一个与其密切相关的字也有同样的引申，那就是"禽"字。"禽"，小篆作🦅，《说文》："走兽总名。从'厹'，象形。'今'声。"这个解释跟"嘼"字很相似，而古文字中"禽"字的解释则跟"兽"字相似。甲骨文中,"禽"字作 ⚹、⚹ 等形,就是捕猎的网一类工具,本义其实就是"擒",继而引申为擒获的对象。作为名词,"禽"字早期和"兽"字的意义是一样的,即《说文》中的"走兽总名"。后来意义发生了转移,和走兽相并列,表示飞禽。于是它们的区别,就是《尔雅》中所说的"二足而羽谓之禽,四足而毛谓之兽"了。

《尔雅》区分禽与兽,使用了两个特征,第一是腿的数量不同,第二就是羽与毛的不同,禽曰"羽",兽曰"毛"。"羽"字小篆作 ⚹,《说文》:"鸟长毛也。象形。""羽"字的字形就是鸟的长毛,"羽"做部首的字则跟鸟类或鸟飞的动作有关。如"翡""翠"二字,《说文》分别解释为"赤羽雀"和"青羽雀",原本都是鸟名,后来意义重心转移至颜色,表示跟这两种鸟颜色相似的玉石了,而鸟名的意义只保留在"翠鸟"这样的词语中。再如我们熟悉的"翱""翔""翩""翻"等字,都是鸟飞的动作。最有趣的则是练习的"习"字,繁体作"習",《说文》的解释是"数飞也",就是说幼鸟数次(多次)飞,以练习飞行。

其实"飞"字本身,也相当于"羽"字的变化,仅从今天的简体字形,我们都能看出它们的相似之处(只是羽毛的方向不同),其繁体"飛"、小篆 ⚹ 就更形象了。而"非"字,小篆作 ⚹,字形也跟羽相似,而且包含了两个方向,更像是一对翅膀了。"非"本也是"飞"的意思,后来假借去做否定词,本义就不用了。

可见，"羽"不光是特殊的毛，更代表着翅膀与飞行。《尔雅》里羽与毛的区分，就是强调飞与走的不同，所以称"飞禽"与"走兽"。飞与走，恐怕是古人眼里禽与兽之间最重要的差异了。

兽的种类很多，外形各有差别，不少都在象形字中表现了出来。有象全身形状的字，如"虎"（甲骨文作𧆞，小篆作虎）、"象"（甲骨文作象，小篆作象）、"鹿"（甲骨文作鹿，小篆作鹿）、"兔"（甲骨文作兔，小篆作兔）、"马（馬）"（金文作馬，小篆作馬）、"犬"（甲骨文作犬，小篆作犬）等；也有象身体部分形状的，如"牛"（甲骨文作牛，小篆作牛）、"羊"（甲骨文作羊，小篆作羊）等。如同上面的"鸟""隹"字，这些动物的象形也都惟妙惟肖。"牛""羊"只画头部，以角的形状为区别。画出全身形状的字，也会着力表现其最主要特征，如虎的口大，象的鼻子长、鹿的角长而分叉等。

各种动物都有不同的象形，而动物的总名则不取具体的动物形状，而是用人类捕猎的行为来表示，这是很耐人寻味的。当然，这样做确实更有抽象的概括性，也体现出动物与人的现实关系。但也不得不说，这也从一个侧面表达了古人所宣扬的人作为万物之最灵者的崇高地位，以及能够征服、统治万物的优越性。

狩猎与畜牧在早期人类生活中占据着重要地位，所以早期人们对动物的熟悉，是远甚于后人的。尤其是传统的六畜（即马、牛、羊、猪、狗、鸡），更为人们关注。我们从《说文》中一些特殊的表示畜类的字中就能感受到这种关注的程度，可以说超出了我们平时的想象。古时有专用字表示不同年龄的动物，如马有"馬"（音huán）、"驹"、"駣"（音táo）分别表示一岁马、二岁马、三岁马；牛有"犊"、"㸬"（音bèi）、"犙"（音sān）、"牭"（音sì）分别表示初生牛、二岁牛、三岁牛、四岁牛；豕有"豯"（音xī）、"豵"（音zōng）、"豜"（音jiān）分别表示三个月猪、六个月猪、三岁猪。古时还有专用字表示不同颜色的牲畜，比如马有"驖"（音tiě）表示赤黑色的马，有"騩"（音guī）表示浅黑色的马等；牛有"㸫"（音yuè）表示白色的牛，有"㸚"（音piāo）表示黄白色的牛等。这些字在中古以后大都成了死字，不在实际生活中使用了。

表兽类的字还有很多重叠为字的，比如三"鹿"为"麤"（音cū），《说文》"行超远也"，大概是说鹿跳得很远。因为鹿容易受惊，对人兽多有防备，一有动静，动作就很大，三个"鹿"就更了得，"麤"字就有了莽撞、粗疏之义。后来一般都写作表示米不精的"粗"字了。三"犬"为"猋"（音biāo），《说文》"犬走皃"，即狗跑的样子，表示迅速而凶猛。由其组成的"飙"字，表示迅猛的大风。今天则流行用在"飙车"这个词上，表示疾速，确实挺形象的。三"羊"为"羴"（音shān），也就是"羶"字（今天常写作"膻"），表示羊膻味。

古人对羊膻味的感情或许与今日不同，下面我们还会说到。

"虫"字，繁体作"蟲"。不过，《说文》里也有和我们今天简体"虫"字形相同的字，但意义不同，也不读chóng，而是读作huǐ。

《说文》："虫，一名蝮，博三寸，首大如擘指。象其卧形（小篆作 ）。物之微细，或行、或毛、或蠃、或介、或鳞，以虫为象。""一名蝮"应该不是今天所说的蝮蛇，因为它只有三寸长，头也只是大拇指那么大，显然很小。《说文》的解释出自《尔雅·释鱼》，或许这个"蝮"是一种水生的动物。"虫"的字形就是蝮趴在地上的形状，以其为部首的字，就表示较小的昆虫或爬行类动物了。正如《说文》所说：微小的动物，有长着成排的脚的（或行）、有长着绒毛的（或毛）、有表面光滑的（或蠃）、有覆盖着甲壳的（或介）、有覆盖着鳞片的（或鳞），都可以用"虫"字象形。

虽然虫并不是蝮蛇，而且据《尔雅》来看很可能是水生的，但在古人看来它应该跟蛇属于同一类动物。蛇虽不算微小，但"蛇"字也以虫为部首。而在《说文》里，"蛇"跟"它"是一个字。"它"，小篆作 ，《说文》："虫也。从'虫'而长，象冤曲垂尾形。上古艸居患它，故相问：'无它乎？'凡它之属皆从它。""它"也是个象形字，和"虫"字非常相似，表示比虫更大的蛇。"它"字为什么成了第三人称代词了呢？许慎的解释是，因为上古人条件简陋，环境恶劣，他们住在荒草地里，周围的蛇很多，所以出门就很担心会问："没它（蛇）吧？"这样"它"字就很常用，而且总表示那特定的不在场的第三者，后来就用作第三人称代词了。这种解释似乎有些牵强，而且看起来蛇是相当恐怖的东西，用它作代词也不那么好听。究竟为什么"它"字成了代词，还很难说。不过可以推断的是，应该是在"它"字常用作代词后，又添加了虫部，新造了"蛇"字。

古时三"虫"的"蟲"，才是今天的"虫"字。（其实因为古时"虫"字就很不常用，而且有时写作"虺"，古人就有把"蟲"字简化为"虫"字的情况，但是比较稀少，所以在现代汉字简化之前，一般还都写作"蟲"。）除了"蟲"字，汉字中还有二"虫"合体的字"䖵"（音kūn），《说文》："䖵，蟲之总名也。从二'虫'。""䖵"字在古书中一般都写成同音的"昆"字，就有了"昆蟲"一词了。

虫这一类动物在古人眼里似乎是个比较感性的认知，具体包含多少现代意义上的动物种类，很难确言。大体说来，应该就是虫部字包含的范围。不过在早期，虫还可以指称所有的动物，鸟兽都可以称作虫，某些说法一直沿用到很晚近的时代，比如称呼老虎为"大虫"。

《说文》虫部字绝大多数都是具体的动物，很少有相关的比喻或引申义。值得注意的是，其中有自然现象与虫类动物的联系，表现在"风"与"虹"字上。"风"，繁体作"風"。《说文》:"风,八风也。东方曰明庶风,东南曰清明风,南方曰景风,西南曰凉风,西方曰阊阖风,西北曰不周风,北方曰广莫风,东北曰融风。风动蟲生,故蟲八日而化。从'虫','凡'声。"关于"八风"的名称,还有不同的版本,如陆德明《经典释文》中谓东方谷风,南方凯风,两者与《说文》不同。"八风"之说在古代很为人熟知,古人也喜欢用这些优美的名字写诗作文。《诗经》中就有"习习谷风,以阴以雨""凯风自南,吹彼棘心"等句。后代如郭璞《游仙》诗:"阊阖西南来,潜波涣鳞起。"李白《过汪氏别业》诗:"星火五月中,景风从南来。"都与八风相合。至于"风"为什么以"虫"为部首,《说文》的解释很难理解。不过古文字中能识别的"风",字形就是"凡"或"凤",大概"风"字诞生之初只是语音的假借,后来才添加偏旁以示区别的。

"虹"字,就是彩虹,《说文》解释说"虹"的形状似虫,所以从"虫"。彩虹在古时有另一个名字"蝃蝀",也是虫部,看起来确实是跟虫类有着密切关系呢。古人称"虹"为阴阳交接之气,又有"虹霓"之说,阳为虹、阴为霓("霓"又写作"蜺"),即《尔雅》中所言"雄曰虹,雌曰霓"。又有人说"双出,色鲜盛者为雄,曰虹;暗者为雌,曰蜺"。我猜测,"虹"字在虫部,或许是因为其形状色彩类似于鲜艳的蛇吧。要真正解释"风"与"虹",还需要更多细致的考证,不管怎样,虫类在古人眼里还真包含有一层神秘的色彩呢。

虫部的"强"字也颇有趣。强大的"强"竟然是虫部字，不免让人在感情上有些难以接受。《说文》："强，蚚也。从'虫'，'弘'声。""强"的本义就是一种小虫，虽然不是周星驰所说的小强，但也差不了多少。"强"能表示强大义是同音的假借。强大义的本字是"彊"，《说文》："彊，弓有力也。从'弓'，'畺'声。"大概是因为"强"字表示的虫子极少用，已经成为死字，加之读音与"彊"字相同，就用"强"字来代替"彊"字了。这样的代替有两个好处：第一，是笔画减少了；第二，"彊"字很容易跟"疆"字混淆，"强"字就不会有这种混淆了。有些时候，汉字的兴替，真有些不讲道理呢！

"鱼"也是一个象形字（小篆作 䰻 ），也作为部首统辖了一类动物。水里游的鱼，与天上飞的鸟、地上走的兽，形成了一套完整而形象的动物分类。而虫一类，则既有天上飞的、也有地上走的和水里游的，这或许也是早期人类会统称所有动物为虫的一个原因吧。

鱼部的字也多为鱼的名称，有些字，古时表示的鱼跟今天并不相同。比如"鲨"字，在唐代之前表示一种生活在溪涧里的小鱼，《尔雅》郭璞注："今吹沙小鱼，体员（圆）而有点文。"不过，至晚到南宋时代，就已经用来表示我们熟悉的大鲨鱼了，戴侗《六书故》："海中所产，以其皮如沙得名。"

"鱼"也有重叠为字的，就说说三"鱼"的"鱻（音xiān）"

吧。"鱻",《说文》:"新鱼精也。"就是煎制新鱼作为菜肴之义。新鱼则鲜美,这个"鱻"字,其实就是"鲜"了。相比于"鱻","鲜"字不光是简化,而且把两个"鱼"换成"羊",也颇有意味。前面我们说过三"羊"为"羴",表示羊膻味,"羴""鱻"读音非常接近,这个"鲜"字恐怕就是"羴""鱻"两字的简化组合。或许古人对于羊的膻味,并不像今天很多人那样感到讨厌,而是感到鲜美而令人满足吧。

说过了动物,最后再聊聊植物,也就是题目中的草木。

我们熟悉的"草"字,在《说文》里写作"艸"(小篆作 艸),相当于"草"上面的"艹"头。而《说文》中的"草"则是另一个字,音zào:"草,草斗,栎实也。一曰象斗子。从'艸','早'声。"这个"草"字通常写作"皂","草斗"就是"栎实",即栎树的果实。栎实可以作为黑色的染料,所以"皂"常表示黑色。古人说的"青红皂白"里的"皂"就是指黑色;"皂隶"就是穿黑色制服的仆隶,级别很低。

虽然《说文》中"草"与"艸"有分别,但古书中出现的"草"一般都跟"艸"是一个意思。可见,用形声字"草"代替象形字"艸"应该是在相当早期就发生的事情了。

跟"艸"字形非常相似的一个字,是"竹",小篆作 竹。从小篆字形来看,这个"竹"就像是把"艸"字倒了过来。当然,它表示的意义并不是这样。"竹"字的象形很容易理解,就是竹叶的形状了。"竹"字的一半，也就是一枝竹叶，就是我们熟悉的"个"了。今天我们通行的《说文》（即大徐本《说文》）中没有"个"字，戴侗《六书故》里引唐本《说文》，"个"在"箇"字下，曰："箇，竹枝也。今或作'个'，半竹也。""个"在古书中是个相当少见的字，意义也比较复杂生僻，这里就不具体说了。总之，古时表示一个两个的"个"，一般都写作人部的"個"，或者写作竹部的"箇"。

汉语里有"草莽"一词，这里面的"莽"，就是很多草的意思，在《说文》里写作"茻"（音 mǎng）。《说文》里的"茻"与"莽"是两个字，"莽"是在"茻"字的中间添加了"犬"字（小篆作 ），两个字的意义也不相同。"茻"表示草多、荒凉，就是莽原的"莽"；"莽"则表示犬在草地里奔跑（追逐猎物），就是莽撞的"莽"了。不过古书中除了《说文》一类的字典外，并没出现"茻"字，无论莽原义还是莽撞义，都写作"莽"。

艸部字里意义发生变化最值得一提的当属"华"字了。"华"，繁体作"華"，本是花的意思。《诗经》里有"桃之夭夭，灼灼其华"之句，说的就是桃花开得鲜艳。而我们熟悉的成语"华而不实"，本来说的就是光开花不结果实，有期许难实现之义，后来用以比喻外表好看而不实用。"华"字由花的鲜艳、美丽、繁荣等特性引申，专门表示华美、华丽、繁华之后，人们就另造了一个形声字"花"，来表示其最初的意义了。

"木"字（小篆作 ），我们在前文"五行生克"里曾解释过。"木"字是个象形字，上面是茎与枝，下面则是根部。与"艸"相比，木的字形突出了其根部的伸展，所以木一类的植物比草一类更加壮大而强韧。

"木"的上方结出穗来，就是可以收获、供给人们食物的农作物"禾"了。"禾"，小篆作 ，《说文》："禾，嘉谷也。二月始生，八月而孰（即'熟'），得时之中，故谓之'禾'。禾，木也。木王而生，金王而死。从'木'，从'垂'省。'垂'象其穗。"禾二月生，八月熟，二月居春季之中，八月则居秋季之中，历经夏季，于季节恰到好处，所以说是"得时之中"，读音就是hé。《说文》此处其实是以"和"解释"禾"，取其中和之义。四季与五行相应，木为春，金为秋，五行更王，金王则木死，禾春生秋死，所以说是"木王而生，金王而死"。从《说文》的说解，可以看出古人其对"禾"字非常重视，这也是农业生产在中国古代有着重要的地位的反映。

"木"字根茎齐备，于是在其基础上衍生出两个在中国传统中相当重要的表抽象概念的字，就是"本"和"末"了。"本"，小篆作 ，是在"木"字的下端画一标记，表示木的根部；"末"，小篆作 ，是在"木"字的上端画一标记，表示木的顶部。在人们通常的观念中，上面一般都是好的、高级的；下面则是不好的，低级的。"本""末"则恰恰相反。因为植物是由下向上生长的,而且最下端的根部在植物的生长中起着决定性作用,所以"本"毋庸置疑是最重要的,"末"则是微不足道的。

"本"是发展的根基,有了"本",才能在其基础上拥有更多,所以古人有"君子务本"之说。这句话出自《论语·学而篇》,原文是:

> 有子曰:"其为人也孝弟,而好犯上者,鲜矣;不好犯上,而好作乱者,未之有也。君子务本,本立而道生。孝弟也者,其为仁之本与。"

这段话旨在说明孝悌是仁爱的根本,有了孝悌的品德,才可能成为仁人君子。扩而大之,则无论修身立德,还是做任何事情,都应看清形势,抓住其中最根本、最重要的部分,无关紧要的细枝末节则不必太在意。若没有看清形势,本末倒置,舍本逐末,就必然会导致失败。

经典

传承文化精神

典,五帝之书也。从册,在丌上,尊阁之也。庄都说:典,大册也。

——《说文解字·丌部·典》

字说"文""化"

经典闲谈

诗言志

"易"与《易》

字说"文""化"

我们讲汉字中的文化,理应讨论一下"文化"。不过,"文化"实在过于博大,可以说,这本书中的每一句话其实都可以归入"文化"。我们还是不离本旨,从汉字的角度说说"文"与"化"二字吧。

"文"的小篆字形作 ♀。《说文》:"文,错画也。象交文。"是说"文"的本义是交错的线条。不过,从甲骨文字形来看(♀、♀),"文"的字形表示的应该是人身上的花纹、图案,所以,"文"字的本义应是文身,后引申为花纹。

"文"的本义,在今天仍然使用,只是左边添加了"糸"旁,造了个新字"纹"。古时东南沿海居民有独特的装扮,中原人称之为"断发文身"(或者"被发文身")。《左传》里说:"大伯端委以治周礼,仲雍嗣之,断发文身,裸以为饰,岂礼也哉?有由然也。"这里说的大伯是吴国的创始君,仲雍是其弟,他们是周王古公亶父的长子和次子,也就是周文王的两个伯父。

因为古公亶父偏爱小儿子,也就是文王的父亲季历,还预料到孙子文王会是圣主,很想传位给季历。大伯和仲雍见状不妙,就主动让位,出逃至东南蛮荒之地,建立了吴国。吴国是周人所建,大伯也遵守周礼,可仲雍嗣位之后,却改从当地习俗,"断发文身,裸以为饰",就不符合周礼了。为什么周礼那么文明高尚,却敌不过当地的习俗呢?这是有原因的("有由然也")。范宁在《榖梁传》的注中说:"文身,刻画其身以为文也。必自残毁者,以辟蛟龙之害。"原来这是海边生活的民众为了适应其身处的恶劣环境所必需的装扮,而不像今天的"文身"那样,是为了美观和别出心裁。

纹路交错,既可能是条理清晰的,赏心悦目的;也可能是杂乱无章,令人心烦意乱的。先人给杂乱无章的一面造了另一个字来表达,这个字与"纹"相似,只是"糸"旁写在下面,就是"紊乱"的"紊"字了。通过构件之间位置的变换来表达不同的意义,也体现了汉字造字用字的奇妙之处。

赏心悦目的意义还继续由"文"来承担,就是"文采""文饰"的"文"了。而"文饰"过的,往往与其内在本质就有了或多或少的出入,于是"文"与"质"就形成了对立。《论语》中说:"质胜文则野,文胜质则史,文质彬彬,然后君子。"就是说一个人若质朴胜过文采,就显得粗野;文采胜过质朴,就显得虚浮。文采和质朴兼备,然后才能成为君子。"文""质"分离,"文"就可能走向事实的反面,成为一种掩饰,我们熟悉的成语"文过饰非",说的就是这个了。

"文"的图案若有章可循,有理可讲,就与"理"的意义相通了。我们常说"上知天文,下知地理",这里面"文"和"理"就是同义的对应。《礼记·乐记》中说:"凡音者,生人心者也。情动于中故形于声,声成文谓之音。是故治世之音安以乐,其政和;乱世之音怨以怒,其政乖;亡国之音哀以思,其民困。""声成文谓之音"的"文",指的就是章法、韵律了,声音只有有了章法才能叫作"音乐",才能传达出内心的情意。"天文"是天的章法和规律,"水文"是水的章法和规律,"人文"就是人的章法和规律了。所以《周易》里说:"观乎天文以察时变,观乎人文以化成天下。"

"文"字能具有崇高的地位和意义,最重要的原因还在于它成了"文字"之"文"。"文"能表示文字来自于它"错画"的含义,文字正是通过交错的线条来记录语言,表达意义的。"文"有了文字的意义,就有了不一般的地位,因为文字代表着知识和学问,代表着更多的资源和更广阔的空间。而由文字的意义引出的诸多意义,比如"文学""文人"之类,则不可尽言。不过,这也都是我们所熟知而容易理解的了。

比起"文"来,"化"字则要简单得多。《说文》:"化,教行也。从'匕'(音huà),从'人'。'匕'亦声。"解释"化"为教化,即使人变化。其实"化"的本义应该就是它所从的"匕"字之义。"匕"字,《说文》的解释是:"变也。从到人。""到人"的意思就是颠倒的"人"字,我们看小篆字形会看得清楚些。"人"作𠔽,"匕"作𠤎,把人的字形先逆时针旋转90度,再垂直翻转,就是"匕"字了,确实颠倒得比较剧烈。

"化"的本义是变化,而这种变化,更强调由内而外的本质上的变化。今天的新词语"化学",就体现了这一点。而医学所说的"消化",也是物质的转化;道家讲"羽化",就是脱离人体而升仙了。由此,人死了也称作"化",陶渊明《读山海经》诗中说"同物既无虑,化去不复悔"就是死的意思了,这样的死听起来倒是颇有诗意的。

"化"由变化义发展出使人变化的意义,也就是"化育""教化"的"化"了,这也成了"化"字在古代最常用的意义,"文化"中的"化"也是此义。中国传统政治讲究教化,如前文所引《周易》:"观乎天文以察时变,观乎人文以化成天下。"诗教中说诗有"六义",其一曰"风"(指《诗经》中的一种民谣诗体)。关于"风"的作用,《毛诗序》中说:"上以风化下,下以风刺上。"就是说在上的统治者可以通过风谣教化、改变在下的民众,而在下的民众也可以通过风谣讽刺、规劝在上的统治者。虽然都可以使用"风",但从这句话,也可以看出在上者与在下者不同的地位和影响了。

经典闲谈

我们今天常以"四书五经"来称呼传统的儒家经典,其实"四书"与"五经"两种说法在资历上并不能平起平坐。"四书"是个较晚近的说法,南宋的大儒朱熹从《礼记》中抽出《大学》《中庸》两章,配以《论语》《孟子》,名为"四书"。因着朱圣人的推崇集注,"四书"成了后代科举考试的课本,为人们所热衷。相比于"四书","五经"的说法则历史悠久。"五经"即《易》《书》《诗》《礼》《春秋》,自汉代确立了经典地位后,两千年来一直是儒家文献的核心。今天,我们就聊一聊"经典"与"五经"。

"经"字繁体作"經"。《说文》:"經,织也。从'糸','巠'声。"是说"经"的本义就是织作布帛。段玉裁认为通行的《说文》版本有些问题,他根据《太平御览》中引述的《说文》补充了两个字,就成了"经,织从丝也。从'糸','巠'声。"(段玉裁大概认为"从丝"与下文的"从糸"很相像，被人误以为重复删掉了。）"从丝"中的"从"就是"纵"字，"织从丝"就是织纵向的丝。若如此，则"经"的释义就与"纬"相对应了。《说文》："纬，织横丝也。"纵是上下，横是左右，地图里上北、下南、左西、右东，正符合古人所说的"南北曰经，东西曰纬"了。"经""纬"由织布义引申，就有了整理、治理的意义，就是"经理""经济""经天纬地"了，蒋介石给儿子取名蒋经国、蒋纬国，也是取义于此。

"经"由治理义发展出治理的法则，进而成为标准、规律、真理，就是我们所熟悉的"经典"的"经"了。其实我们经常使用的"经常"也起源于此，古人的训释中有"经者，常也""经者，常法也""经者，道之常也"等说法，里面的"常"就是恒常、不变的意思，"经"是标准、真理，必然是恒常不变、亘古不移的了。今天我们把"经常"组合起来说成一个词，表示频繁、总是，意义已有所变化，也远没有它们最初那么严肃而宏大了。

"经典"的"典"字也是标准、典范之义，而且比"经"字的来历更显得正统。"典"字小篆作 ，《说文》："典，五帝之书也。从'册'，在'丌'上，尊阁之也。"古人称早期文献为"三坟五典"，"三坟"（"坟"表示大的意思）指三皇之书，"五典"指五帝之书，所以《说文》中解释"典"为"五帝之书也"。"典"的字形就是把书册供置在案子（"丌"）上，以表尊崇、遵守。"三皇五帝"是古代传说中的圣人，"三坟五典"也只是古人传说中的经典,并没有流传下来的文献。

"三坟五典"不存在,中国历史上最早出现的也一直占据着统治地位的经典,就是儒家的"五经"了。"五经"是诞生于先秦时代的五部文献,《易》是记载卜辞卦象的书,相传是周文王所作,所以也称作《周易》;《书》是记载夏、商、周三代君主政令、事迹的书,因其记录上古帝王之言,又称《尚书》("尚"与"上"同义);《诗》是记载早期诗歌的书;《礼》是记载礼法仪式的书;《春秋》是记载春秋历史的书(原本是有"六经"的,因为《乐》失传了,就只有"五经"了。"六经"的功用,《庄子》中有段话说得很好:"《诗》以道志,《书》以道事,《礼》以道行,《乐》以道和,《易》以道阴阳,《春秋》以道名分。")。"五经"成为经典之后,又以"经"字冠名,也称作《易经》《书经》《诗经》《礼经》《春秋经》。

五经源自先秦,本有文献流传,但在秦始皇实行的轰轰烈烈的焚书运动中一度失传了。当时有儒者通过记诵于心、口耳相传的方式,将经书的内容保存,到了汉代又重新记录了下来。汉代儒学定于一尊,儒生的地位大大提高,政府设立了"五经博士",传习研究经书也成了热门的行业。当时的经学领域和后世不同,很像是武侠小说中的武林门派,每部经下面都有不同的师承,每个人一辈子都只在一个师门下研究一部经,学习并发挥师说。我们有"皓首穷经"这个成语,本就指的是汉代从事这种职业的儒生。

汉人在师传的同时，也渐渐发现了一些被埋藏的逃过了秦始皇焚毁的古经书，最有名的要数鲁恭王坏孔子壁的故事了。鲁恭王是汉景帝时的一个封王，住在孔子旧宅的隔壁，他要扩建自己的宫室，就把孔子旧宅拆了，在拆除旧宅墙壁时偶然发现了一些古代的经书。这些新发现的古经书都是用古文字写成的，就被称为"古文经"，而相应的，那些由儒生口耳相传保存下来的经书是用当时的文字汉隶记录的，就被称为"今文经"了。由此，经学也就分成了今文与古文两大派别，两者不仅在经文上有所出入，义理上也各有不同主张。

"五经"经过两汉的传承和古文献上的新发现，在今古文的争论和融合中，实际上已扩展至"九经"。《春秋经》不单行，配合了三传各为一经，就成了《春秋左氏传》《春秋公羊传》《春秋穀梁传》三部经。"传"本是解释"经"的，每部经都有传，比如《诗经》，我们常见的"毛传"，就是毛亨、毛苌所作的传。《春秋经》的经文简略，要详述其史实和阐释经文中的微言大义，传就显得尤为重要，《公羊传》《穀梁传》据说分别源自战国时的儒士公羊高和穀梁赤，经过一代代儒生口耳相传至汉代，主要是对《春秋》经文的逐条解说。而《春秋左氏传》则不同，其原名《左氏春秋》，本是一部独立的史书，因其与《春秋》所记事件大都吻合，又相传是春秋末年的左丘明为解释孔子的《春秋》所作，就又被称为《春秋左氏传》。到了晋代，大将军杜预把《左氏春秋》按年分段，依次系于《春秋》的经文之下，就成了我们今天看到的《春秋左氏传》的样子了。

《礼经》也扩展为我们今天常见的"三礼"，即《周礼》《仪礼》和《礼记》。《周礼》是汉代新发现的古书，是讲官制的书，本名《周官》，所讲的是政治制度方面的"礼"。《仪礼》讲的是典礼仪式的程序，《礼经》本就是指《仪礼》。《礼记》是解释典礼仪式的，与《仪礼》相配合，而重在思想上的阐发和总结。因为《礼记》更具有思想性，虽不是《礼经》的本经，却更被人们所看重。可以看出，"九经"虽数量上有所增加，其基本体系依然是"五经"。

后来，儒家经学继续发展，《论语》《孝经》《尔雅》《孟子》也相继加入经的行列，就成了最终版本的"十三经"。我们今天常见的清人阮元主持修纂的《十三经注疏》，就是儒家经典经过不断注释、解说、修订的标准文本。经历了二十世纪的没落，如今国学又被重新重视起来。不过在今天，即使是专业的学者，完全通读过这《十三经注疏》的人，也为数不多了。

诗言志

诗,是中国传统文人最热衷的文学体裁。而中国古代的诗,尤其是唐诗,也作为中国特色的文化符号为全世界所熟知和赞誉。古人对诗的定义,最早的、也是影响最大的,恐怕就是"诗言志"三个字了。今天我们就谈一谈"诗"字,以及关于"诗言志"的故事。

《说文》:"诗,志也。从'言','寺'声。"许慎认为"诗"是一个形声字,其本义就是"志"。"志"就是心意,《说文》:"志,意也。从'心','之'声。"不难看出,《说文》中对"诗"字的解释,就是来自"诗言志"这句话。"诗言志"据记载最早出自《尚书·舜典》,原文如下:

帝曰:夔!命汝典乐,教胄子。直而温,宽而栗,刚而无虐,简而无傲。诗言志,歌永言,声依永,律和声。八音克谐,无相夺伦,神人以和。夔曰:於!予击石拊石,百兽率舞。

夔是传说中的一种神兽，舜帝时有个主管音乐的大臣也叫作夔，这个名字或许跟那神兽也有些关系，因为他击石拊石，百兽都能跟着起舞。《尚书·舜典》中记载了尧与舜的事迹，这段话里的"帝"是指舜帝。舜即位后，命夔主持音乐，教导太子，都教导些什么呢？正直而温柔，宽厚而庄重，刚强而不严苛，简易而不傲慢。古人讲究礼乐教化，礼是礼法，乐就是音乐，而音乐的作用并不像我们今人理解的那样是为了提高欣赏水平、提升个人艺术品位云云，其只是为了纯粹的道德修养。礼与乐，仅是形式的不同，其旨趣则是一致的。

早期的诗是配乐唱出来的，所以跟音乐有着密不可分的关系。这里边提到的诗、歌、声、律都是音乐的组成部分，而诗列于首位，最被看重，因为相比于声律，诗有文字的记载，更容易理解、学习和传承，所以其作为心志的表达，在礼乐教化中有着重要的意义。从上面教导太子的那几点也不难看出，"诗言志"所表达的心意绝不是一般的内心想法，而是关乎道德修养的正统思想。古人非常重视诗教，《诗经》也作为"五经"之一有着不容置疑的经典地位。而《诗经》的经典，也并不在于它的文学性，不因为它是高雅的艺术，只因为它是政治隐喻、是道德纲要、是思想指南。

我觉得，在古人的理解中，"诗"更应该是个会意字。而

"诗言志"的说法，就来自其字形——"诗"字的两部分，左边是"言"，右边是"志"。不过"诗"字的右边是"寺"，并不是"志"（左"言"右"志"是"誌"字，表示标志、记录的意思，今天的简化字里跟"志"字合并了）。右边是"寺"的"诗"会不会是会意字呢？那就要看"寺"字是什么意思了。我们通常对"寺"字的认识肯定是寺庙的"寺"了，不过"寺"的本来面目却是大理寺的"寺"，即朝廷的执法机构。据说汉末三国时期佛教开始传入中国，当时社会战乱频仍，很多朝廷执法机构（也就是寺）都闲置了下来，就被改造成了僧人聚居传法的地点，后来也就用"寺"字来表示寺院了。《说文》："寺，廷也。有法度者也。""寺"就是法度，就是准则，若再将其与"志"字比较，我们会发现两者整齐的对称性，"志"从"心"，"寺"从"寸"（"寸"的字形就是手，用作部首，一般都表示跟手有关的事物），心手相应，一个是内在的目标，一个是外在的准则。所谓"诗言志"，就是将内在的目标表达出来，成为外在的准则了吧。

《诗经》中的诗，来自遥远的上古时代，其源头肯定有民谣俗谚的成分，但其编写和最终成形，必然出自上层贵族之手，因为在那个年代，下层人民是不可能掌握文字的，也不会讲究钟鼓礼乐。（直到魏晋南北朝，下层人民仍没有条件和动力读书识字。唐宋以后印刷术发展，读书成本降低，加之科举制度实行，下层有了向上层流动的机会后，才有了读书的条件和动力。）所以不管国风还是雅颂,《诗经》中所言的"窈窕淑女,君子好逑",那就是真正的君子淑女,绝不是普通人家的孩子;《诗经》中所言的"贻我彤管",那彤管就是佩玉,也不是什么红草管之类的普通东西。若不能相信这些,也没法真正理解《诗经》了。

《诗经》中的诗,又经过孔子的整理、战国儒者的传习,至汉代被确立为经典,这个过程,就是一个政教化的过程。(史称孔子删诗,由三千删至三百,可能有些夸张,但肯定是删掉了一些的——《左传》中引的诗就有《诗经》未收的。)孔子给《诗经》的诗赋予了强大的政治和社会功用,他说:"诗可以兴,可以观,可以群,可以怨。迩之事父,远之事君,多识于鸟兽草木之名。"就是说诗可用来抒发内心的理想,可用来反映社会的状况,可用来号召团结众人,也可用来表达心中的不平,对执政者提出劝谏。近了说可以用来孝敬父母,远了说可以用来事奉君主;而且还能博闻广识,多了解鸟兽草木。孔子的话主要针对的是《诗经》,但同时也把诗这种文体的功用表述得足够全面了,这段话也成了后世评诗的一个指导性纲领。此后的两千年间,《诗经》一直是文人士大夫必修的功课,学的是修身齐家治国平天下的道理。古人诗作中也有着大量的道德文章、政治讽喻,只不过今天不再推崇,大都不为人关注罢了。

清末民国倡导革命,思想界弃传统儒家观念如敝屣,《诗经》也摇身一变,被标榜成了劳动人民的文学创造,而其经学意义则绝口不提；即使偶尔言及，也全用来批判和反对，态度鄙夷之至。这种激进的思潮一直延续至今，以至于大多数人都不知道《诗经》为什么被称作"经"了。

因着政教的意义，诗的地位在中国历史上一直很高。我们都知道，唐诗之所以发达，不光是因为诗体的成熟，更因为唐代把诗作为科举考试的一门。也就是说，诗写得好是有机会飞黄腾达、平步青云的。不管什么时代，只要跟考试挂上钩的，就没有理由不红火。所以唐代的文人，不管水平高低，都能作上几首诗。广泛的群众基础之下，出来那么一些顶尖的高手，就是水到渠成的了。宋代以后，诗在考试中的权重下降，也辉煌不再了。

不过，即使诗的本来功用是道德文章，但因着它优美而精巧的形式，被有闲阶级掌握，也难免走上了艺术的道路。为艺术而艺术的口号，在魏晋南北朝时代已经喊出，陆机在其《文赋》里说"诗缘情而绮靡"，就不顾及其教化作用了；而南北朝的很多皇帝都擅长绮艳的宫体诗，也成了时代的风气。此后，"诗缘情"与"诗言志"并列，成为中国诗论的两大思想，各行其是。虽然正统知识分子对"诗缘情"难免会有些鄙薄和顾忌，但这股创作的力量也始终保持着，并在唐宋以后出现的新文体——词中得到了充分的发展，成了中国诗歌在艺术上得以不断更新的动力。

"易"与《易》

今天大多数人对于五经之一的《易》(又称《周易》《易经》)的了解,大概仅限于它跟算卦有关,知道里面有复杂的六十四卦,高深莫测,难以接近。人们对《易》的敬而远之已经达到了一定的程度,不要说去探讨那些卦辞了,只须问一下:这部书的名字为什么叫作"易"?这个"易"字是什么意思?很多人就只能含糊其词了吧。

其实,前面我只是开了个玩笑。说起来,"易"这个字确实相当复杂,其本义来历,从古到今也没有定论。至于《易》的书名的含义,古人也有多种说法。下面我们就细说一说。

"易",小篆作易,《说文》:"易,蜥易、蝘蜓、守宫也。象形。祕书说'日月为易',象阴阳也。一曰从'勿'。"这里面就有三种解释。我们先说头一种,即许慎首肯的字义,"易"是个象形字,象蜥蜴之形,也就是说"易"的本义就是蜥蜴。蜥蜴有好多种名字,"蝘蜓""守宫"都是其别名。若如此说，我们所熟悉的容易的"易"、变易的"易"，都跟"易"字的本义没什么关系，只能是语音的假借了。说到这里，我突然想起一件有趣的事情，变色龙也是蜥蜴的一种，若以变色来看，蜥蜴的"易"跟变易的"易"就很有联系了。不过古人似乎从没提过变色的事，变色龙也似乎只生活在热带雨林地区，跟当时中原的国人并无瓜葛，所以这种联系成立的可能性可以说是微乎其微。

《说文》中的第二种解释提到的"祕书"，是指汉代的纬书。纬书是跟经书相对的，在汉代很盛行，是文人依托经义所作，作为经书的支流的演绎和发挥，主要是祥瑞、感应、占验等内容，大部分内容跟经文并无直接关系。在今天看来，纬书有着很浓厚的迷信成分。《周易参同契》是纬书的一种，里面说："日月为易，刚柔相当。"就是说"易"的字形是由"日"和"月"组成，日为刚，月为柔，所以是"刚柔相当"。阴阳上来说，日为阳，月为阴，就是《说文》的"象阴阳也"。戴侗《六书故》也支持这种解释，并且做了不同的发挥："易，代易也。日往则月来，月往则日来，东西代明，易之义也。"就是说"易"就是日月交替，也是变易之义。阴阳是很符合《易》的思想的，而变易，则既符合"易"的常用义，也符合《易》的思想。把"易"的字形解释为"日""月"的组合确实相当完美。但是，这种字形在甲骨文、金文和小篆中都没有出现，虽然解释很完美，却没有实际的根据。至于《说文》中的第三种解释"一曰从'勿'"，大概是从字形上分"易"为"日"和"勿"，后人对此似并不关心，"勿"字（《说文》本义为旗子）具体表达了什么意思，很难说得清了。

现代古文字研究中，对于可识别出来的"易"字倒是有一种解释，可以跟变易的"易"联系起来。"易"在甲骨文中有 𝌀、𝌁 字形，有人解释为日光时晴时阴，也就是说云遮住了日，日光时强时弱。这样的话，就可以认为"易"的本义是变化了。那么，蜥蜴的"易"就成了假借了。但是，关于古文字中的"易"字，人们也尚未达成一致，金文中还有一种字形 𝌂，似乎又像是蜥蜴了，还有人把它解释为鸟张开翅膀，就更混乱了。

不管"易"字的本义是变易的"易"还是蜥蜴的"易"，这两种意义都是相当早的，古时它们的读音相同，而容易的"易"读音则与它们不同。（因为汉语语音系统的变化，古时的两种读音在今天又合而为一了）。变易、蜥蜴跟容易乍看起来都没什么关联，很难存在引申关系。如此，容易的"易"也应该是假借了。如果你不相信"易"字有这么多假借的话，等我下面说过《易》的书名之后，还可以选择另一种结论。

《易》的书名含义，自然跟变易和容易有关。最早的也是最靠谱的解释就出自《易》本身，即"生生之谓易"。何为"生生"，孔颖达《周易正义》解释说："生生，不绝之辞。阴阳变转，后生次于前生，是万物恒生，谓之易也。"这里的"易"就是生生不息，变化无穷之义。如此说来，《易》得名之由来，就是变易的"易"了。

对于《易》之名，还有更明确也更强大的解释，被写入注疏之中。《周易正义》的卷首《论易之三名》曰："《易纬乾凿度》云：'易一名而含三义，所谓易也，变易也，不易也。'郑玄依此义作《易赞》及《易论》云：'易一名而含三义，易简一也，变易二也，不易三也。'"《易纬乾凿度》也是汉代的一部纬书，大儒郑玄的《易赞》跟《易纬乾凿度》所说的意思是一致的。就是说《易》这个书名里包含着三种意义：第一是简易（也即容易），第二是变易，第三是不易，也就是不变。若从字面上解释，大体是说：《易》的内容（或方法）是简易的，简易则容易掌握；《易》所探讨的主题是变化，变化是应对一切复杂情况的策略；虽然《易》的主题是变化，但其目标是要长久立于不败之地，达到能应对一切变化的永恒（也即上面孔颖达正义中所说"万物恒生，谓之易也"）。

其实，《易》里面就有一句非常有名的现成的话，可以很顺利地把这"一名之三义"贯通起来，这话就是："穷则变，变则通，通则久。"变通的思想，正是中国传统处世哲学的一个重要内容。变则能通，通就是容易了；通则能久，久就是不易了。容易与不易，都来自于这神奇的变易。其实，今天很多新理论早都包含在古人的智慧里，这就是所谓的用发展的眼光看问题吧。

说了这些，我们再回到"易"字的字义上去，变易与容易不就有联系了吗？变则通，通就是容易。若"易"字的本义是变易，从变易义引申出容易义，又产生新读音，表示新的意义（从语音学的角度来看，容易的读音应是后起的，与这样的推论恰恰吻合），这样说起来也真的是很完美呢。